2021年度安徽高校人文社会科学研究项目
“叶村叠罗汉技艺——非遗传承人口述史研究（重点项目）”成果
（SK2021A0644）

叶村叠罗汉技艺传承人

洪声齐口述史

洪声齐 口述
汪 洋 编著

黄山书社

图书在版编目（CIP）数据

叶村叠罗汉技艺传承人洪声齐口述史 / 汪洋编著.
合肥：黄山书社, 2025. 3. -- ISBN 978-7-5737-1483-1
Ⅰ. G852.9
中国国家版本馆CIP数据核字第202552FV73号

叶村叠罗汉技艺传承人口述史
YECUN DIELUOHAN JIYI CHUANCHENGREN KOUSHUSHI
洪声齐　口述
汪　洋　编著

出 品 人　葛永波
责任编辑　秦矿玲
责任印制　李　磊
封面供图　王　雨　罗嘉伟
装帧设计　有品堂_刘　俊
出版发行　黄山书社
地址邮编　安徽省合肥市蜀山区翡翠路 1118 号出版传媒广场 7 层　邮编：230071
印　　刷　安徽联众印刷有限公司
版　　次　2025 年 3 月第 1 版
印　　次　2025 年 3 月第 1 次印刷
开　　本　787mm × 1092mm　1/16
字　　数　165 千字
印　　张　12.5
书　　号　ISBN 978-7-5737-1483-1
定　　价　50.00 元

服务热线　0551-63533706
销售热线　0551-63533761
官方直营书店（https://hsss.tmall.com）

序

汪洋同志为黄山学院青年骨干教师，是勤奋而聪慧的良师，深受师生喜爱。《叶村叠罗汉技艺传承人洪声齐口述史》是汪洋同志近几年潜心研究的成果。

非物质文化遗产是国家和民族历史文化成就的重要标志，是中华优秀传统文化的重要组成部分。将非遗技艺转化为文字，是永久保存非遗的重要方式之一。保护好、传承好、利用好非物质文化遗产，有利于延续历史文脉，坚定文化自信，推动文明交流互鉴，建设社会主义文化强国。

传承人口述史研究，是非遗传承的一种方式。通过对非遗“活态”传承人的访谈，能有效呈现与阐释非遗中人与人、人与自然、人与社会的内在联系，展现非遗发生的原始情境以及当下的生存状态，达到扩展非遗研究范围的目的。

徽州非遗是徽州儿女的精神财富和自我身份认同的载体，推动非物质文化遗产的保护与传承是地方高校教师义不容辞的责任。汪洋同志采用访谈的方式对徽州非物质文化遗产进行研究是一件非常有意义的事。其《叶村叠罗汉技艺传承人洪声齐口述史》从内容上看，有三方面创新之处：

其一，新的史料梳理。针对当前叶村叠罗汉的发展现状和传承困境，汪洋同志通过对传承人洪声齐口述史料的研究，在这一领域进行了有意义的探索。本书对传承人进行访谈，对口述的内容做了录音和文字整理，拍摄影像资料，并通过实地走访调研，对口述资料与历史文献资料进行比对，与其他当事人及知情人的访谈进行比较，详细地从材料、流程、造型、优势等方面阐述叶村叠罗汉技艺产生与发展的历程，并从美学角度剖析叶村叠罗汉的艺术特征和审美品格，分析了其业态发展和当代价值，提出了探索其保护、传承的途径。本书是在充分认识其基本特征和研究价值的基础上进行系统化建构，为非物质文化遗产保护和政府相关部门决策提供了科学依据，也为后人留下了一份可靠的遗产。

其二，新的研究发掘。本书着眼于非物质文化遗产保护的国家战略，通过对传承人口述史料的研究，阐述该非遗项目的文化流变，研究并还原其历史风貌，推动非遗研究以及该技艺的传承与创新。叶村叠罗汉在传承中采用“以老带新”“口传身授”的形式，在长期的发展中，由于诸多原因，导致部分架势模糊不清。书中通过对传承人洪声齐的访谈，并走访当地叠罗汉技艺的参与者和知情人，对叶村叠罗汉“六十六”套架势进行还原，并请专业人士绘制“六十六”套架势示意图，为该项目的传承提供图文解释，可谓抓住了非遗传承的关键。

其三，新的研究视角。从20世纪30年代至今，经过几代学者的共同努力，徽州文化尤其是徽州非遗文化，越来越受到社会的关注。本书从非遗传承人口述史的角度，对徽州非遗文化进行更加系统、深入的研究，让更多人感受徽州非遗文化。具体表现为以下几点：一是忠实记录非遗传承人口述史料，直观地记录叶村叠罗汉技艺的发展。二是全景式研究呈现非遗在乡村的活态传承，对良好乡风的养成、和谐社会的构建具有现实意义。三是挖掘出非遗原生态成果，以推动文化旅游，促进徽州旅游产业的发展壮大。四是对叶村叠罗汉技艺的力量美、造型美、精神美等方面深入挖掘和思考，以揭示其思想内核。这些对于促进徽文化的传承与传播，对于加快构建新时代非遗保护传承体系具有重要意义。

叶村叠罗汉技艺传承人洪声齐口述史研究，是一种文化自觉与自信，体现了本书作者让陈列在徽州大地上的非物质文化遗产活起来的初衷，亦是徽州非遗创造性转化与创新性发展的核心要义。本书为推动徽州非物质文化遗产研究的繁荣发展，作出了自己的贡献。

是为序。

吴灵萍

2024 年 3 月 6 日于屯溪

目录

绪论

第一章 洪声齐的“叠罗汉”生涯

第二章
叠罗汉的徽州情缘

第三章
叠罗汉技艺及其流变

第四章
叶村叠罗汉六十六式

绪　论

中华民族在悠久的历史长河中，创造了大量弥足珍贵的文化遗产。我们伟大的五十六个民族在长期发展和延续中，沉淀了诸多优秀的非物质文化遗产。在人类多样化发展的进程中，非物质文化遗产是重要的历史文化信息，是民族文化的记忆，是历史脉络的延续，更是中华优秀传统文化的集中体现。

早在2003年10月，联合国教科文组织第三十二届大会就通过了《保护非物质文化遗产公约》，公约于2006年4月生效。该公约对非物质文化遗产作了明确定义：非物质文化遗产是指被各社区、群体，有时是个人视为其文化遗产组成部分的各种社会实践、观念表达、表现形式、知识、技能，以及相关的工具、实物、手工艺品和文化场所等。这种非物质文化遗产世代相传，并在各社区和群体适应周围环境，以及与自然和历史的互动中，被不断地再创造，为这些社区和群体提供认同感和持续感，从而增强对文化多样性和人类创造力的尊重。其中包括传统口头文学、传统艺术、传统技艺、传统礼仪、传统体育和其他非物质文化遗产。[①]

① 参见唐璐璐：《〈保护非物质文化遗产公约〉释义》，《中国非物质文化遗产》2021年第6期。

非物质文化遗产又称无形的文化遗产，有别于物质文化遗产，强调的是以人为核心，所展现出来的技艺、经验、精神等，是以人为本的活态文化遗产。它依托于人而存在，以声音、形象和技艺为表现方式，并多以“口传身授”“以老带新”的方式来传承。其最大的特点就是“活态传承”。加之，非物质文化不同于物质文化，物质文化只要保存得好、维护得好，就可以传承千秋万代。而对于非物质文化遗产来说，只要最后一个掌握技术的传承人不在了，这门技艺就会消失。因此从非物质文化遗产的传承来看，传承人是非遗保护与传承的主体，是各类非遗记忆的载体，是一代又一代人薪火相传的关键，因此在非物质文化遗产的保护与传承中，传承人极为重要。

一、洪声齐口述史的意义

传承离不开传承人。洪声齐是叶村叠罗汉技艺第二位省级非物质文化遗产项目代表性传承人，其大半生都奉献给了叠罗汉事业。在叶村叠罗汉的保护与传承中，洪声齐悉心接受老一辈的谆谆教诲，并在长期的实践中，积累了丰富的经验，练就了精湛的技能，形成了独特的技艺风格。

洪声齐师从洪允文，洪允文是叶村叠罗汉技艺第一位省级非物质文化遗产项目代表性传承人。洪声齐在洪允文的言传身教下，掌握了一整套叠罗汉的组合架势和相关技艺要领。其父亲洪芳岳、祖父洪茂松、曾祖洪允志、高祖洪光辉一直从事叠罗汉事业，在歙县颇有影响。洪声齐从七岁开始学习叠罗汉技艺，功底扎实。因此，在叶村叠罗汉技艺传承中，洪声齐有先天优势，具有清晰的传承脉络和谱系。洪声齐是叠罗汉技艺传承发展的见证者，是一位非常优秀的非遗传承人。

本书通过对叶村叠罗汉技艺传承人洪声齐口述史料的研究，获得了最有价值的第一手资料，以使人们真正了解叶村叠罗汉技艺，同时为这项技艺的传承和发展提供强有力的支撑。该研究的意义具体说来有以下几点：

一是更好地阐述该非遗项目的文化建构和历史流变，推动非遗研究以及该技艺的传承与创新。

二是留下传承人口述史料，让后人更直观地了解该技艺的发展及演变，为其再研究奠定坚实基础。

三是为村史馆、传习室、博物馆提供丰富素材，对非遗在乡村的活态传承，精神文明建设、良好风尚的养成及和谐社会的构建有着积极的推动作用。

四是将挖掘出的原生态成果应用于文化旅游，有利于推动徽州地区旅游产业的积极发展。

五是对该技艺的艺术特征和审美品格等方面进行深入挖掘和思考，呈现其思想内核，从而实现非遗保护的初衷。

二、罗汉、叠罗汉、叶村叠罗汉及叶村叠罗汉技艺传承人洪声齐

（一）罗汉

罗汉作为佛教名词，源于古印度，后传入中国。在中国的诸多寺院中，时常会出现十六罗汉、十八罗汉和五百罗汉的塑像。其中，十六罗汉主要流行于唐朝，传说是释迦牟尼的十六位弟子。到唐朝后期，开始陆续出现十八罗汉。到了宋朝，则盛行十八罗汉。十八罗汉

是在十六罗汉的基础上演变而来的，加上了降龙、伏虎二罗汉。十八罗汉像一般都立在寺院的大雄宝殿之中。五百罗汉的传说在佛经中时常出现，是指修行达到了一定境界的得道高人。

从十六罗汉到十八罗汉，再到后来的五百罗汉，其逐渐成为汉传佛教中重要的塑像。罗汉需戒德清净，普度众生。其形象一般为比丘相，头部无须发，身着袈裟，面相丰腴，目及四方，造型呈坐式，栩栩如生。

（二）叠罗汉

叠罗汉是一种游戏，也是一种体育项目和表演形式。叠罗汉一般由两个或两个以上的人堆叠而成各种架势，起初是由诸多罗汉堆叠而成的架势，因此得名“叠罗汉”。在古代民间，叠罗汉是以一种游戏的形式出现的，受到了大众的喜爱，之后逐渐发展演变为组合动作。简单的叠罗汉对参与者的技术水平和身体素质要求不是太高，也不受场地、人数等条件的制约，适合在城乡各地开展。参加叠罗汉的人员必须团结合作，同心协力，共担重量，因此对培养大家的集体观念、增强集体凝聚力有着积极的推动作用。

（三）叶村叠罗汉

叶村叠罗汉是安徽省歙县三阳镇叶村的一项独具特色的民俗体育项目，已有约六百年的发展历史，并在社会变迁中历久弥新。每到元宵节，叶村人都会精心准备，呈现一场别开生面的叠罗汉表演，吸引诸多群众驻足观看。叶村叠罗汉通过人与人堆叠，以及骑、坐、伏、卧、倒、立、拉、撑、支、跪等动作，呈现出各种架势，并从

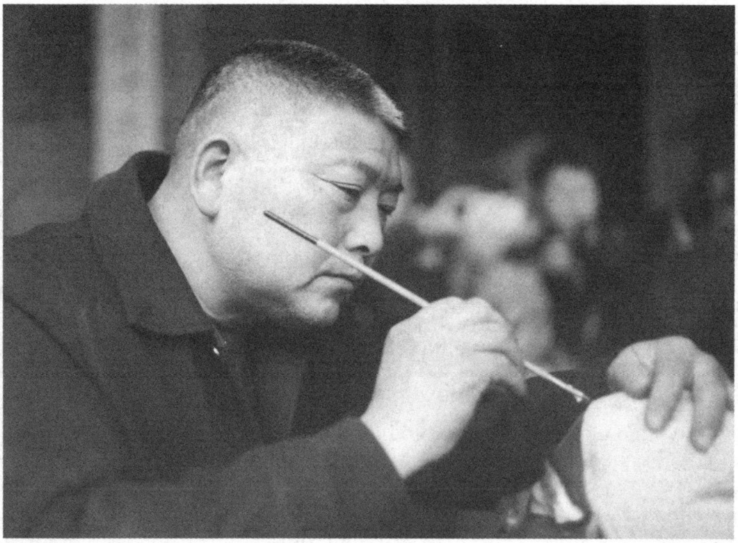

洪声齐工作照

不同的层次、高度进行动态造型展示。叶村叠罗汉作为一项民间技艺，在古徽州民俗文化中发挥着举足轻重的作用，凝聚了一代又一代叶村人的智慧，成为徽州大地上一道亮丽的风景线。

（四）叶村叠罗汉技艺传承人洪声齐

洪声齐，1969 年 12 月 14 日出生于安徽省歙县三阳镇叶村，1990 年从歙县深渡职业中专毕业后，只身到江苏太仓食品厂工作。2002 年回到叶村，在三阳供电所从事水电工作。2008 年因家庭经济负担重，自主创业，在叶村从事水电装潢工作。2014 年，经过叶村村民推选，担任三阳镇叶村党总支委员，歙县叶村叠罗汉艺术团党支部书记并兼任艺术团团长。洪声齐自幼习武，热爱叠罗汉事业，师从

洪声齐（右）在向汪洋（左）介绍叶村叠罗汉的相关资料

洪允文，深得真传，并潜心研究，积极践行，完整掌握了叶村叠罗汉这项古老的民间体育项目的技巧。

洪声齐从事叠罗汉事业四十多年，兢兢业业、勤勤恳恳，培养了上百名叠罗汉后备人才。在担任罗汉头儿期间，他带领叶村叠罗汉团队多次参加国内外各类比赛，获得诸多奖项。他还潜心探究技艺，创作出一大批具有时代意义的叠罗汉架势，具有代表性的有“大六柱牌坊”“五凤楼”“太师椅”“滚灯”等。

现在已过知天命之年的洪声齐，没有停下脚步，仍然潜心研究，参加非遗传习基地的培训，走访相关非遗传承人，关注行业的发展状况，并努力寻求社会各界的帮助。他还对叶村叠罗汉现有架势进行补充和完善，努力开发新的造型架势。不仅如此，洪声齐还不断整合优质资源，积极筹备国家级非物质文化遗产项目的申报工作。

三、叶村叠罗汉技艺的传承发展

据相关史料，明朝的《罗汉簿》记载着六十六套叶村叠罗汉架势，寓意为“六六大顺”。但是随着时代的更迭，清代初期的《罗汉簿》中只记载了约二十套架势。清末，洪玉书先生进行了整理、创作、改编，增补至五十三套架势。新中国成立后，洪允文先生在担任罗汉头儿期间，对《罗汉簿》中的架势进行了重组，整理形成了五十二套架势。1986 年以后，三阳镇人民政府经多方调研、考证，对叶村叠罗汉已失传的部分架势进行挖掘、整理，在叶村所有人的共同努力下，在保持原有经典架势的基础上，增至六十六套架势。2016 年以后，洪声齐及其团队再次对六十六套架势进行了革新，最终形成的六十六套架势独具匠心、技艺高超，令人叹为观止。

叶村叠罗汉在约六百年的传承与发展中，有过高峰，也有过低谷。“文革”时期受到了很大冲击。改革开放以后，叶村叠罗汉迎来了发展新机遇，并充分借助国家大力发展“非遗”文化、地域文化、地方旅游等有利条件，带着历史的印记，逐步向着科学化、专业化的模式转型升级。当前，叶村叠罗汉技艺的传承与发展有如下几大特点：

（一）非遗技艺的传承和创新，既要适应时代的大潮流，又要保持自洽

随着科技的进步和时代的飞速发展，越来越多的青年人不愿意去传承非遗项目，叶村叠罗汉也存在诸多问题。学习、掌握叠罗汉

这项技艺，需要经过长期训练，非一朝一夕之功。虽然已经成立了“叶村叠罗汉艺术团”，但是这些“罗汉”都是叶村叠罗汉爱好者自发组织的，没有形成常态化、专业化的演出模式。这些爱好者受时间、经济等限制，在传承和发展这项技艺的过程中遇到了很大的阻碍。

因此，非遗传承要学会适应，主动地去调整步伐；在不断的变化中，又始终保持自洽。同时，还要紧跟时代脚步，积极、主动融入人们的生产生活，充分发挥非遗的社会价值。

（二）非遗技艺的传承和创新，关键要吸引青少年一代

现如今，大多数家庭把孩子教育的重心放在了文化课的学习上，这就限制了青少年一代对非遗传承兴趣的培养。就非遗的传承和发展来看，青少年一代是关键。只有青少年接受了，喜欢了，非遗才能经受住历史的考验，才能有持久的生命力。在此基础上，还要积极鼓励开展传习活动，善用新媒体平台，培养青少年传承人，让非遗真正“活”起来。

（三）非遗技艺的传承和创新，要将时代文明融入其中

党的十八大以来，以习近平同志为核心的党中央把对工匠精神的重视提到了全新的高度。在国际竞争日趋激烈的今天，大力倡导大国工匠精神是新时代的需求。

什么是工匠精神？工匠精神是一种职业精神，它是职业道德、职业能力、职业品质的体现，是从业者的一种职业价值取向和行为表现，

洪声齐参加安徽省首届“中国民间文化艺术之乡”示范交流展示活动

包含了敬业、专注、创新等方面的内容。[①] 在叶村叠罗汉团队中，每一个“罗汉”都是普普通通的一员，都有着一份梦想、一种情怀、一份责任、一种坚守。这使他们相聚在一起，共同创作出优秀的作品。

---

①参见王丽媛：《高职教育中培养学生工匠精神的必要性与可行性研究》，《职教论坛》2014 年第 22 期。

第一章

洪声齐的『叠罗汉』生涯

古徽州，又称为歙州、新安，包含一府六县。府治在今歙县徽城镇，六县即歙县、黟县、休宁、祁门、绩溪、婺源。前四县今属安徽省黄山市，绩溪县今属安徽省宣城市，婺源县今属江西省上饶市。

徽州，是个让无数人向往的地方。徽州大地，人杰地灵，物产丰富，重峦叠嶂，秀水长流，文化璀璨，名胜古迹遍布。这里有被誉为“天下第一奇山”的黄山，是安徽最著名的旅游景点之一；有徽州“古建三绝”——古祠堂、古牌坊、古民居，可谓“古建筑博物馆”；还有勤劳、勇敢、智慧的徽州人，他们创造了光辉灿烂的徽州文化，孕育了一批批匠心独具、精巧绝伦的徽州技艺。

叶村叠罗汉就诞生在这片沃土上，是徽州百姓喜闻乐见、广受欢迎的一项民俗体育项目。叶村叠罗汉起源于约六百年前，蜚声海内外，是徽州大地上独具魅力的文化印记。

下面，让我们跟着洪声齐先生一起去了解叶村叠罗汉的发展历程，理解其精髓所在。

一、初出茅庐

我出生在20世纪60年代末。当时的物质生活还是相对匮乏的，加之身处大山之中，叶村每个家庭的生活都不富裕，人们经常为温饱而发愁。我的童年经历坎坷，但是精神生活极为丰富。我从小就开始接触叠罗汉，并有着诸多关于叠罗汉的经历，这些也为我后来从事叠罗汉事业打下了坚实的基础。在叶村，每年都会有叠罗汉演出，我们全家都会参与其中。父亲除了要参与叠罗汉彩排和演出外，还要去扎游村纸灯，准备演出道具。母亲则需要准备演出当天所需的食材，以及烧饭做菜，处理内务。弟弟也不会闲着，不仅要参加演出，还要参与游村活动。他手举各色花灯走在游村队伍中，看上去充满喜庆吉祥的意味。每到大年（闰年）元宵节，叶村人都会精心准备，忙前忙后，为大家呈现一场让人震撼的叠罗汉表演。就算小年，也不例外，只是没有大年那么隆重。

小时候我特别喜欢过年。一到过年，母亲就会提前置办好过年所需要的各种年货。如春联、鞭炮以及款待来客的红纸包①、鸡子②、香糕等。父亲会邀上左邻右舍，宰猪、宰羊，场面异常热闹。杀年猪、吃杀猪饭，在叶村人眼里，则是热闹而不失隆重的迎新年前奏曲，也是每家每户联络感情的有效方式。尤其是在那个物资匮乏的年代，吃一餐杀猪饭不逊于吃年夜饭。无论谁家杀猪，都会请客，已成惯例。一年一度的请吃杀猪饭，成为叶村沿袭至今的乡风俚俗。一餐杀猪饭，

① 红纸包又名“顶市酥”，有“顶级酥糖”的意思，是徽州别具特色的地方糕点。这种糕点用象征喜庆气氛的红纸包着由芝麻仁和麦芽糖经过反复揉搓形成的麻酥糖，取材地道讲究，工艺颇具特色。参见程向阳：《顶市酥：红红火火》，《黄山日报》2023年1月16日第2版。

②鸡子就是茶叶蛋，是徽州人在过年期间招待来客的必备食物。

吃出了叶村人的团结氛围、友善和睦、真情实感。除夕，我们一家人会围着八仙桌一起吃年夜饭，见证新年的开始。在过年的这段时间里，叶村也异常热闹，除了可以观看独具特色的叶村叠罗汉表演外，叶村的古戏台每晚都有徽州戏曲表演。一到晚上，老老少少、男男女女都会带上杌凳[①]，聚集到古戏台前听戏。时不时，耳边还会传来阵阵爆竹声，充满浓浓的年味。

我第一次接触叠罗汉，就喜欢上了它。开始跟随父亲学习叠罗汉时，父亲管教得特别严，他说话很大声，我总觉得不可亲近。我慢慢长大，开始懂事，和父亲的交流频繁起来，有时候会陪着父亲喝上家里酿的一点儿米酒，还会和父亲一起玩耍，一起开怀大笑。父亲常对我说："对待困难不能轻易放弃，要执着探求；对待事业不要轻言成功，要精益求精。"

那个年代不像现在有五花八门的运动器械、各式各样的健身活动。小时候，父亲每天都会让我跑上几公里，绕着田地跑，绕着院子跑，挑着扁担跑。那时候，我还要砍柴。砍柴对我来说真是一个极重的体力活儿，一天要上山砍四五担柴，走个五六公里才能到家。山路走起来不像平路，尤其下山的时候，一不小心就会跌倒。举石锁、蹲马步、做俯卧撑、翻跟斗是当时小伙伴们十分喜欢的健身娱乐项目，有时候大家还聚在一起比赛。

父亲一有时间，就会教我叠罗汉的一些基本套路，练习叠罗汉的一些基本功。父亲常说："一个罗汉必须具备扎实的基本功，就像盖房子，地基要打牢。要不然盖到一半，很容易坍塌，身体受到损伤。"基本功是初学者的入门功夫，更是叠罗汉的关键所在。通过基本功的练习和基本技术的磨炼，身体的各种机能会得到全方位的锻炼。

---

①杌凳专指没有靠背的一类坐具，区别于有靠背的"椅"。

1976年，我七岁。那时候我刚开始接触叠罗汉，年纪小，胆子也小，站在大人的肩膀上，总是觉得不适应，而且站不稳，脑海中会不时地浮现跌下来的场景。第一次参与叠罗汉的练习，我被安排在最上面的位置。上去之前，父亲就告诫我站上去后不要到处看，要勇敢。我小心翼翼地站在大人的肩上，却一不留神，从上面跳了下去，下去后还和小伙伴们有说有笑。父亲看到后狠狠地训斥了我。由于年纪小，我一下子就哭了起来。哭过后，父亲把我叫到一边，心平气和地对我说：“一个架势的呈现，每一个人都要全神贯注。你一个人不重视、不认真，会导致整套动作完成不了，你的失误甚至会连累同伴受伤。”从那一刻起，我就将父亲的话牢牢地记在了心里。

1980年，我十一岁，可以说是最顽皮的年龄。我家当时很穷。我还有个弟弟，比我小三岁，我去哪儿都会带着弟弟一起。当时村里召集人员外出巡演，每个人会有五块钱的演出费。五块钱对当时的每个家庭来说，是一笔不小的收入，可以买很多东西。记得当时一分钱可以买一根棒棒糖，五分钱可以买一根奶油冰棒，两毛钱可以买一斤大米，一块钱可以买一斤猪肉。1980年7月，村里组织外出巡演，我第一次作为小演员和大人们一起表演。演出结束后，当时负责演出的人递给我五张崭新的一元纸币，我心里别提有多激动了，这是我“人生的第一桶金”。收到钱后，我第一时间告诉了父母。当时我还作出了一个重要的决定：拿出三块钱给母亲补贴家用，拿出一块钱给父亲买了两瓶白酒。剩下的一块钱我带着弟弟一起去买了零食，记得还给弟弟买了一把弹弓。那是我第一次挣钱，现在回忆起这件事情，记忆犹新，历历在目。

1983年，我十四岁，拜洪允文先生为师。师傅教导得非常细心，非常用心，要求也十分严格，每一次练习都要求做到极致，绝不允许我有丝毫懈怠。跟随师傅这么多年，我被师傅的执着精神吸引，一直很用心地向师傅学习技艺，不敢有丝毫马虎。

当时有一件小事，我现在想起来心中还是满满的歉意。那是在古戏台的一次演出，当时正巧赶上大年，戏台周围人山人海，异常热闹。由于彩排的时候师傅对我过于严格，我心里很不舒服，有点闹情绪，在演出即将开始前，我默默地躲在拐角处，迟迟不出现。师傅和师兄弟们到处找我。看见他们着急万分，我心里别提有多开心了。当演出即将开始时，我才悄悄地回到了演出队伍里。演出很顺利，不到一个小时就圆满完成了表演任务。我正准备和师兄弟们去吃饭，却被师傅叫住了。师傅语重心长地对我说："人生就是一个大的舞台，要认真对待每一次演出，不能带着情绪去做事，要顾全大局，这也是对自己最大的尊重。"我本以为师傅会狠狠地批评我，甚至会动手打我，但是师傅没有。我虚心地点了点头，在那一刻，眼前浮现出我躲在拐角处的场景，也是在那时候，我第一次体会到做师傅的不容易。

现在师傅已过世。还记得几年前师傅不小心把腿摔断了，不能正常行走，让人很心疼。由于师傅行走不方便，我三天两头去师傅家看望他，并送去热菜热饭，帮他洗漱，陪他唠嗑，陪他聊叠罗汉的点点滴滴。每当我提到叠罗汉时，师傅总有说不完的话，整个人的状态和平时截然不同。现在回想起师傅，心中总是涌起深深的思念和感激，他的教诲永远铭刻在我的心里。

二、坚守初心

1990 年我中专毕业后，同宗兄长带我去了江苏太仓食品厂工作，主要从事食品加工、包装等流水线工作。1992 年我认识了妻子李秋梅，并于 1994 年组建起了我们的小家庭。1994 年 10 月，我们的第一个孩子平安降临，她就是洪丽莉。我第一次当父亲有些措手不及，激动的心情溢于言表，看到女儿的瞬间热泪盈眶。2000 年又一个小生命诞生了，他就是我的儿子洪晨。名字是我取的，希望他沐浴在晨光里茁壮成长。

我在江苏太仓食品厂一干就是十二年。因为工作勤勤恳恳，任劳任怨，得到了厂长的赏识，从一个普通工人干起，到后来负责一个部门的工作，管理着二百多号人，工资待遇在当时来说也是比较高的。但是压力还是有的，孩子们在长身体，营养不能少，而且都需要读书和学习。想想我们这代人吃过的苦，就觉得不能苦了下一代，也希望他们通过知识去改变命运，所以孩子们读书求学的费用是绝对不能省的。2002 年初，我决定辞职。食品厂想用高薪留住我，我也是心动的，没有人会拒绝高薪，而且在沿海地区发展，以后会有更好的机会。但是我一直觉得自己是个手艺人，从小就接触叠罗汉这个行业，又考虑到叶村叠汉需要传承、需要发展。我毅然辞去了食品厂的工作，回到叶村，承担起保护和传承叠罗汉技艺这份责任。回到叶村后，我在三阳供电所从事水电工作，拿着微薄的工资，一方面要在叠罗汉事业上有所突破，另一方面要担负起养家糊口的责任。

在改革开放大潮中，许多同行纷纷跳槽，叶村的青年人纷纷外出务工，叶村叠罗汉也逐步走下坡路。但是，凭着我对叠罗汉的热爱，耐住清贫，仍然坚守着这份挚爱，把叠罗汉当成展示人生价值的舞台，甘愿为其倾注所有的精力。日复一日，年复一年，直到现在，回头看我前半生做出的选择，我依然不后悔。人的一生不能只为了物质而被欲望所驱使，无论世事如何变化，我都将与叠罗汉为伴。现在我一方面想把自己的技艺提高到更高的水准，另一方面也是想通过非遗传承人这个身份把叶村叠罗汉这项技艺传承好。

我们这个行业基本上是没有收入的，但是叠罗汉发展需要资金，于是，我买了一辆二手自行车，四处筹集资金，为罗汉团队购置服装，购置演出道具。我也非常感谢我的团队，每次商演结束，每一个罗汉只拿走少量的酬劳，余下的资金都用于叠罗汉事业的发展。正是因为大伙这种坚持和无私奉献，罗汉团队逐步发展壮大起来。在此期间，我也在不断学习，不断提高业务水平，不断提高叠罗汉技能。现在的我不仅熟练掌握了各类架势，还能在实践过程中娴熟地组织罗汉们进行表演。

2003 年 10 月 17 日，联合国教科文组织第 32 届大会顺利通过了《保护非物质文化遗产公约》，这是非物质文化遗产保护事业的重要里程碑。中国在 2004 年 8 月加入了《保护非物质文化遗产公约》，成为当时第六个加入该公约的国家。2005 年 3 月 26 日，国务院办公厅印发《关于加强我国非物质文化遗产保护工作的意见》，全面启动了非物质文化遗产保护工作。2011 年 2 月 25 日，《中华人民共和国非物质文化遗产法》在第十一届全国人民代表大会常务委员会第十九次会议上通过，并于 2011 年 6 月 1 日起施行。这也让叶村叠罗汉迎来了历史性发展机遇。

2008 年 12 月，传来了好消息，叶村叠罗汉入选了安徽省第二批省级非物质文化遗产名录。2011 年 3 月，我也有幸被命名为市级非物质文化遗产项目（叶村叠罗汉）代表性传承人。2015 年 3 月，我被命名为省级非物质文化遗传项目（叶村叠罗汉）代表性传承人。这些荣誉对我来说不仅仅是肯定，更是责任。保护非物质文化遗产最核心的就在于保护传承人。目前，我国非遗的传承，普遍存在传承人老龄化和后继无人等困境。叶村叠罗汉也面临着这些难题。想成为一名合格的叠罗汉技艺传承人，从小就要开始学习技艺，熟练掌握各种架势、每组动作的技术要领。这是需要反复练习、不断实践

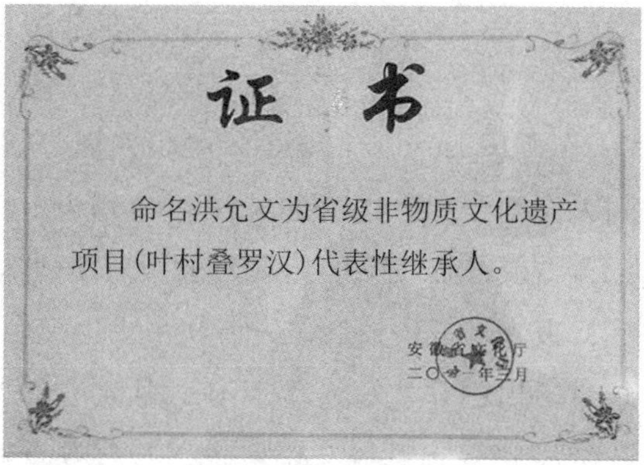

洪允文被命名为省级非遗传承人的证书

洪允文、洪声齐被命名为省级非物质文化遗产项目（叶村叠罗汉）传承人的证书

才能掌握的。

当今社会生活节奏非常快，选拔“罗汉”成了头疼的事。近些年，参与叶村叠罗汉演出的人员基本上都是之前的那些老面孔，新成员少之又少。在新时代，如何将叶村叠罗汉技艺传承、发展下去，是摆在我面前最现实的问题。

三、家喻户晓

从1986年叶村叠罗汉亮相安徽省歙县首届民间艺术节开始，我们就受到了社会的普遍关注。1995年，我们团队在“中国民俗风情游黄山市首游式”上华丽登场，并力压群雄，荣获一等奖。此事由《人民日报》进行了报道，先后在中央电视台《新闻联播》《金土地》等栏目播出，并被写入《中国民间舞蹈集成·安徽卷》。[①] 2004年，在首届安徽省民俗文化节上，叶村叠罗汉震撼全场，荣获一等奖。2006年，在第二届黄山民俗文化节民俗文艺表演中，叶村叠罗汉荣获优秀节目奖。2007年，在第四届皖浙赣闽四省四市民间艺术大赛中，叶村叠罗汉荣获金奖。2012年，叶村叠罗汉参加了第五届世界传统武术锦标赛开幕式和首届中国非遗传统技艺展，并在第十六届中国黄山国际旅游节暨徽文化节晚会“相约黄山”中作为压轴节目进行表演。2018年，在香港九龙举行的“2018香港国际文化艺术交流歌舞大赛”上，叶村叠罗汉荣获特等奖。2019年，叶村叠罗汉亮相杭州西溪印象城、千岛湖等地，大受欢迎。2021年在三阳镇举办的庆祝中国共产党成立一百周年文艺汇演暨表彰大会上，叶村叠罗汉大放光彩……

我的叠罗汉生涯，是从金顶开始的，然后到二架，到下架，再到中柱下架。中柱下架是下架最中间的位置，是队伍的核心，也是难度最大的。三架位置我一直没有出演过，因为我的个子比较高，身材也比较魁梧，不适宜在三架。三架往往由身材瘦小的人出演，这样，二架、下架的压力也小一点。叠罗汉对罗汉要求很高，不但要身体

---

① 参见吴灵萍、方利山、蒋国强等：《徽州民俗体育项目“叶村叠罗汉”的特征与价值》，《北京体育大学学报》2011年第34期。

健康、筋骨强壮、耐受力强、柔韧性好，还要有一定胆魄。在我最年富力强的时候，可以肩驮五人，一人可叠二百七十五千克的重量，在台上连续转动五圈以上。凭着这个绝技，我踏遍了全国各地，参加了上百场演出。在我的记忆中，有两次演出对我来说意义非凡。

一次是在2004年，当时受黄山市的邀请赴合肥参加非遗展演比赛。代表黄山市去省会演出，我心中是满满的开心。这对罗汉团队的每一个罗汉来说，都是至高的荣誉。演出定在合肥的徽园，我们被安排在徽园附近的宾馆，以便出行。由于当时团队经费紧张，加上演出的人员又偏多，一个房间挤四到六个人，休息不好，吃的饭菜也不合胃口。大家的情绪都比较低落，有些人甚至产生了放弃演出的想法。于是我放下手头的工作，找到团队里的每一个罗汉，逐个去开导，逐个去做他们的思想工作。

演出当天，罗汉团队按照要求早早来到了演出现场，换上服装，画上脸谱，等待演出开始。记得当天室外温度很高，我不免有些焦虑，因为叠罗汉是团体参与的技艺，一个人有情绪就会影响整体水平的发挥。伴随着主持人的报幕声，台下响起了雷鸣般的掌声。看着台下诸多观众冒着酷暑拼命加油喝彩，看着这么多支持的观众，罗汉团队之前的消极情绪全部抛于脑后，动作干净利落，十几秒的时间就呈现出了“大六柱牌坊”。台下掌声不断，台上越演越热烈，各类架势展现得淋漓尽致，大家齐心合力，圆满地完成了演出。当主持人揭晓当场名次的时候，整个罗汉团队震惊了：全场第一！那一瞬间，我脑中闪过了无数画面，一切付出都是那么值得。

还有一次是在2018年，我们团队参加在香港九龙举办的“2018香港国际文化艺术交流歌舞大赛”。我们一行三十余人去香港，那是罗汉团队第一次出那么远的门。到达前，香港那边对接的工作人员就告诉我们，香港的饭菜比较清淡，要我们做好思想准备。当我得知这

2018 香港国际文化艺术交流歌舞大赛 [①]

一消息时，便回家制作了一些土特产——辣椒酱、腌菜等。到了香港之后，饭菜果然和徽菜的口味完全不同，吃饭时，我就拿出带的菜。香港的朋友看到后，也要品尝一下，他们吃了之后都赞不绝口。提起香港，大家肯定会想到，那里经济发达，高楼矗立。没错，它是全球第三大金融中心，素有“东方之珠”之称。罗汉团队没有被维多利亚港的美景羁绊，而是放下手中的包袱，便立刻全身心地投入彩排中，一次又一次堆叠，一次又一次旋转……

演出当天，我们一举成名，轰动全场，荣获“2018 香港国际文化艺术交流歌舞大赛”特等奖。这是比赛的最高奖项。我们团队成员

① 《三阳叠罗汉捧回香港大赛最高奖》，https://www.thepaper.cn/newsDetail_forward_2560277，2018 年 10 月 24 日。

紧紧地抱在了一起，一起欢呼，那股高兴劲儿持续了很久很久。当晚我们就把消息传回了叶村，叶村的每个人都深感自豪，并组织叶村在村人员列队迎接罗汉团队凯旋。

党的十八大以来，非物质文化遗产受到前所未有的广泛关注，非遗保护已成为全民参与、惠泽全民的民生工程。叶村叠罗汉也迎来了发展的最佳时期。在这些年里，中央电视台、安徽电视台等各大媒体，先后来叶村拍摄叠罗汉专题片。诸多关于叶村叠罗汉技艺的文章在《人民日报》《曲艺》等各大报刊上发表。诸多荣誉的获得，离不开罗汉团队每一个人的辛勤付出，离不开每一个关心和帮助过罗汉团队的人。每一点进步，每一个成绩的取得，都凝聚着无数人的汗水和心血。不管遇到多么大的困难，罗汉团队一直保持着初心，要让更多的人了解这项技艺，让这项用身体搭建出来的民间艺术焕发出生命的张力。

四、青出于蓝

叶村叠罗汉技艺的传承基本都是采用师徒授艺的方式。师徒关系，是教和学的关系，是传承和延续的关系，极具感情色彩和艺术特征。“师”作为引路人和领路人，重要性不言而喻。“徒”除了传承师傅技艺外，还要学礼节，修品德，这是技艺传承和发展的关键所在。“师徒”的传帮带是一种智慧，是一种情怀，更是一种文化。

为了培养叠罗汉接班人，我也决定带徒弟。选人成了头等大事，我在叶村挨家挨户地走访，挨家挨户地做工作，于是，现在的罗汉团队中有了小演员、小罗汉。他们的加入为罗汉团队输入了新鲜血液，注入了新的活力。看着一张张可爱的小面孔，我感到枯燥的练习中多了几分欢乐。在对这些小罗汉的训练中，我也特别注意方式方法，不仅培养他们的叠罗汉技艺，培养他们的意志品质，而且努力拓展他们的思维，在架势上让他们大胆地进行创新。

叶村叠罗汉曾有一个特点就是家族传授，只在洪姓中传授，有着极为严格的传承体系，且传男不传女。但是随着社会的进步和传统技艺的发展，这种传授方式开始发生变化，我们现在在叶村范围内选拔罗汉，后期还会将罗汉选拔范围逐步扩大，这也是叶村叠罗汉发展过程中的进步。

我带徒弟和我师傅一样严格，不仅传授技艺，而且打磨徒弟们的性子。2016 年在黄山市“名师带徒”育才工程中，我就选了四名有志青年，年龄都在三十岁左右。我不仅教授他们叠罗汉的理论知识，还传授各种动作的具体要领。徒弟们都热衷于这项技艺，经常在一起练习，一起钻研，还和我一起探讨叠罗汉的技法。这些徒弟在实践的过程中基本能够掌握叠罗汉的动作要领，能够独自承担起演出的重任。近些年来，我们团队相继培养出五十多名罗汉，小的只有六岁。在我的众多徒弟中，有的也自己带徒弟了。这对叠罗汉的发展来说，是件令人兴奋的事。

这些年来，我主要做了以下三项重点工作：一是积极参加各类关于非遗发展传承的业务学习，组织各类演出，宣传叶村叠罗汉文化；二是开展叠罗汉人才的选拔培养工作，传授经验，帮助他们成长；三是积极申报国家级非物质文化遗产项目。虽然我已年过半百，但是我始终没有停下脚步，就是为了让叶村叠罗汉这项技艺走出国门，走向世界。

五、枝繁叶茂

除了叶村叠罗汉外，国内外也遍布叠罗汉这项传统民间技艺。它们都有着悠久的历史，有着独特的地域文化特征，有着深厚的文化意蕴，同样受大众所喜爱。

据了解，在西班牙的加泰罗尼亚，人们将叠罗汉视为一项民族体育运动项目，每年都要举行叠罗汉大赛。这项活动已有数百年的历史，在19世纪开始盛行。它在西班牙有个古老的传说。据说，古时候与敌军交战时，西班牙人曾以此方法“登高看敌”，并借助堆叠的高度投掷炸弹至敌方的城墙内。为纪念这一举动，该活动一

西班牙叠罗汉[①]

① 《西班牙叠罗汉大赛疫情后正式回归》，https://baijiahao.baidu.com/s?id=1745796028160757515&wfr=spider&for=pc，2022年10月05日。

直延续至今。西班牙叠罗汉凭借着人数多和惊险刺激等特点，成为西班牙节日中的固定表演项目，甚至成为一项独立于表演之外的竞技比赛项目，受到西班牙人民的喜爱。西班牙叠罗汉从开始到结束均以一种造型呈现，最底层由诸多人围在一起，围成一个巨大的底盘，并通过人叠人不断突破人塔层数。据说，西班牙叠罗汉参与者最多时有八百多人，叠至十层之高。

日本叠罗汉兴起于20世纪初。此后，该项目由于有助于培养团队合作精神和身体协调性，又颇具观赏性和参与性，便迅速在日本的学校中普及开来。日本叠罗汉与西班牙叠罗汉相比，造型上变化不大，也是多人参与其中，最多时有上百人，依靠人叠人，不断突破人塔层数，以达到一定的高度。其通常把体重重的人放在最底层，越是靠近中心的选手越要力气大、重心稳，以此形成一个稳固的“根基”。日本叠罗汉也需要“登顶”，通常由一个年龄较小、体重较轻的人去完成。登顶代表此次表演圆满结束。叠罗汉在日本中小学体育课中作为一项传统运动项目，每逢运动会和重大节日，学生们都会通过各种堆叠，让观众眼前一亮。为了增加叠罗汉的观赏性和竞技性，日本学校还设置了叠罗汉比赛，进行高度和速度的较量，让学生们更好地了解这个项目，并增加团队合作意识。

安徽泾县茂林镇凤村叠罗汉起源于明朝成化年间（1465—1487）。相关书籍记载，凤村民俗“祠山神会叠罗汉”是带有祭祀性质的活动。每年冬季排练，春节一过开始演出。[①]演员一般为十八人，龙、虎脸各一个，大黄衣、二黄衣、三黄衣、四黄衣各一个，吊梢黄衣两个，大绿衣、二绿衣、三绿衣、四绿衣各一个，大白衣、二白衣、三白衣、四白衣各一个，童子两个，除童子外都画脸谱。演出时由鼓

① 洪愿：《叶村“叠罗汉”的调查与思考》，南京体育学院硕士学位论文，2013年。

乐配合表演，有“大金花”“小金花”“黑金花”“状元笔”“牌坊”“海啸”“荷花瓣”“童子拜观音”“扫堂清”等架势。改革开放后，凤村叠罗汉迎来了发展机遇，在周边等地市巡回演出，广受好评，反响热烈。

凤村叠罗汉[①]

浙江省义乌叠罗汉源于明朝，在清朝达到鼎盛。据记载，当时戚继光在义乌招兵组建戚家军。这些义乌兵在操练之余，根据操练的阵法，逐步形成一种练武取乐的游艺活动。由于当时义乌一带经常练南少林派的罗汉拳[②]，因此人们将这种游戏取名为叠罗汉。义乌叠罗汉主要分布在八里桥头、西山下等地区。这项活动大多是以村或族为单位进行表演，故常有三代同阵、四代同班的现象，也是当地民众凝聚力的一种体现。义乌罗汉班的演出形式总体上可分为两大类：一类是“走阵容”表演，在各类乐器的伴奏下，诸多罗汉手持各种器械，摆出种种阵容，包括“长蛇阵”“蜈蚣阵”“龙门阵”“梅花阵”“盾牌阵”等；一类是“叠罗汉”表演，这也是最吸引观众眼球的部分。义乌叠罗汉也有诸多叠法，如“立牌坊”“树亭阁”“观音坐殿”“观音渡船”等。早期的义乌罗汉班有十多个组，后逐渐销声匿迹，直到改革开放后，政府相关部门对义乌罗汉班重新组织、推广。2006 年，义乌叠罗汉被评为义乌

---

① 参见《乡村杂技罗汉灯》，https://www.sohu.com/a/289881802_726687，2019 年 01 月 18 日。

② 罗汉拳，是出家为僧的少林弟子习练的佛门拳术，故称罗汉拳。

市十大民间艺术之一，同年10月被列入义乌市非遗项目，2007年6月被列入浙江省省级非遗项目。

浙江省仙居县陈岭乡叠罗汉源于南北朝，一直流传至今。陈岭乡地处偏僻山区，四面环山，人们多以渔樵、狩猎为生。相传十八个强盗天良未泯，经神仙点化后立刻放下屠刀，造福人间。先祖为了告诫后人去恶扬善，逐渐演绎出叠罗汉这一表演形式。[①]仙居县陈岭乡叠罗汉分为“走阵”“测势”“罗汉台”三部分。“走阵”为一百余名演出者披红挂彩，在鼓号、旌旗的簇拥之下，持刀操棒，呐喊着上场，组成各类阵式，有“罗汉阵”“葫芦阵”“编波阵”“五梅阵”等十三种阵式，可谓变化多端。“测势”也就是比武，表演者两两同持

义乌叠罗汉[②]

①应载苗：《民间杂技“叠罗汉”文化形式和内涵初探》，《杂技与魔术》2011年第5期。
②蒋守洋：《义乌叠罗汉期待重现往日辉煌》，https://zj.zjol.com.cn/news.html?id=1302463，2019年10月07日。

相同兵器上场进行比武，直到十八般兵器逐一亮相。“罗汉台”是由“莲花台”“罗汉马”等六种不同的造型组成的。其中“织女台”最为精彩，由七人五层相叠而成，顶层就是“莲花台”，织女坐在其中。表演者正反方向各旋转三圈，其技艺扣人心弦。表演中用大鼓和江南丝竹等乐器伴奏。音乐无固定模式，均是仙居县流行的民间音乐曲牌，与当地其他民间鼓吹音乐不同，令人耳目一新。据了解，新中国成立前后，仙居县陈岭乡叠罗汉队伍经常在周边乡镇巡演，队员有一百多人。“文革”时，叠罗汉表演慢慢减少，濒临失传。

浙江省仙居县陈岭乡叠罗汉①

---

①《浙江仙居厉害了：非遗齐上阵、央视来直播、元宵闹翻天》，https://www.163.com/dy/article/E8EU61NB0524A4PM.html，2019 年 02 月 20 日。

第二章

叠罗汉的徽州情缘

歙县，古名歙州，秦朝设为县，宋朝则为徽州府府治所在地，位于安徽省最南端，现隶属安徽省黄山市。1986 年被国务院命名为国家历史文化名城，有着千年古城之称。歙县是古徽州的政治、经济、文化、军事中心，孕育出无数徽州文化瑰宝。徽州文化就像是一幅流动的江南山水画卷，有着辉煌的历史，承载着深厚的内涵。

一、起源与传说

叶村叠罗汉的起源有多种说法。经多方考证，有一种说法最符合当时的社会背景，最为我们叶村人所认可。

传说在明朝，叶村的西边坐落着一个寺院，寺院环境幽雅。有一天，一位叫惠安的和尚路过此地，觉得该寺是一个静修的好地方，于是下定决心，扎根在此修行。惠安掌管此寺，将寺内上下管理得井井有条，游人、香客络绎不绝。不久后，朝廷为选拔官员举行科举考试。惠安和尚出家前屡试不中，心有不甘，于是决定还俗，去参加科举考试。科考中惠安从容不迫、得心应手，考中乡试第一名——解元。朝廷准备封他为官。惠安上奏皇上自称有“欺君之罪”，恳请皇上恩准他回叶村为僧。皇上考虑再三，念其心诚，又甚为爱才，赦他无罪，并赐书“解元寺”三字，又赐“解元寺”匾。惠安将该匾带回寺庙悬挂，叶村古寺遂称为解元寺。解元寺由此声名鹊起，叶村人纷纷将儿孙送入寺内习文练武，一时间游人、香客纷至沓来，有些人甚至奔赴千里，只为一睹其真容。

好景不长，战乱又起，一伙强盗溃败至此地。他们入村之后，无恶不作，屠杀百姓，抢夺财物。僧人们奋起抵抗，才还叶村以片刻安宁。之后的一天，强盗发现寺内守卫的疏漏，再次来到叶村，偷袭解元寺，并纵火焚烧解元寺。为了保护解元寺，惠安法师带领四十多位僧人堆架至寺院内的墙头奋勇救火，并与强盗殊死搏斗，最终惠安法师和僧人都葬身于茫茫火海之中。为纪念惠安法师及众僧，祈佑平安，村民们模拟僧人上墙头抗击敌人和救火时的情景，用叠罗汉的表演形式创造了几十套架势，向世人展示当时的情景。于是每逢大年，叶村以叠罗汉的方式表达缅怀之情，同时表达祈福求愿之情，代代相传，一直延续至今。

二、叠罗汉之乡

叶村，是我国第三批被列入中国传统古村落名录的千年古村，位于安徽省黄山市歙县东北部，地处皖、浙交界处天目山余脉，坐落于美丽的国家级自然保护区清凉峰脚下，总面积六七平方千米。叶村依山傍水，沿溪而居，现有十个村民小组，五百余户人家，一千五百余人，村内尚有保存完好的古巷、古祠、古宅，古色古香，韵味无穷，素有东方小瑞士之称。

走进叶村，首先映入眼帘的是纵横交错的青石板道，整整齐齐，干干净净。清澈的河水绕着村子潺潺流动，村子四周群山耸立，树木

叶村鸟瞰图

参天，四季常青，一阵微风吹过，绿叶在微风中轻轻摇曳，似诗如画。清凉峰脚下，昌源河畔，四周群峰高耸，古松苍翠。叶村就处在这样美丽的自然环境之中，掩映在波光粼粼、重山环绕的梦境里。

村内随处可见镶有“叶”字的方形路灯，夜幕降临，华灯初上时，夜景辉煌，这座古村散发出独特的魅力。不远处优美的风景——岳飞斩龙脉的“狮头岭”——犹如一头即将跃起的巨狮，飞跨昌源河。还有清凉峰上的“仙人锯石”“石剪刀”“猿人上山”“龟蛇把关”“狮象进门”“天子池”等四五十处奇景，皆列于村右。阡陌交通，屋舍俨然，鸡犬相闻，落英缤纷，古木参天，一派旖旎田园风光。村庄由于形状犹如大肚罗汉，再加上村里世代盛行叠罗汉民俗活动，而被人们俗称为罗汉村。整个村落以徽派建筑为主要特色，尤其是宗祠与部分民居雕梁画栋，尽显青砖灰瓦的古徽州民居之美，实乃古民居建筑中的精品。整个村落呈玉盘形，四周山峰林立，四季皆有奇观，曾被人形象地比喻为人间的天宫瑶池。

叶村以洪姓为主，但在建村之初，主要姓氏并非为洪姓，而是叶姓。叶村，由叶姓建立基业。叶氏将村子建成树叶形，纵贯村子东西的主干道为“叶”之主脉，南北走向的六条街巷为“叶”之侧脉，其中还有一些石板小巷，显得错落有致。数不清的巷子让人不知身在何处，但所有巷子又是相通的。传说当年朱元璋经过此地时，曾发出“横巷不通直巷通，处处幽情在画中”之感叹。[①] 洪氏在此兴盛后，也没有改变叶村的村名，而是自称为叶下红（洪），比喻绿叶衬红花，红花因有绿叶的衬托，才会显得更加娇艳夺目。虽然后期村庄外形逐步进行了改造，原来的树叶形变成船形，但村子仍然叫叶村。民国时期，随着时代变迁，叶姓基业只剩下一两处遗址。即使这样，叶村这个名

① 洪愿：《叶村“叠罗汉”的调查与思考》，南京体育学院硕士学位论文，2013 年。

叶村一角

叶村一角

字也没有改变过。

叶村古时地处徽杭古道上，官商往来频繁，虽处环山之中，实为四通八达之地，是徽商前往江、浙、沪的必经之路。村子也因此更加繁荣，有学堂、武馆、茶坊、酒肆、庙宇等。一些官员、商贾衣锦还乡后，大修祠堂、住宅、桥梁，光宗耀祖。众多富商贵族为防不测，雇用家丁守卫家业，于是出现了众多习武之人，形成了独特的尚武风俗。

如今叶村位于徽杭高速公路（G56）三阳出口处，往来交通十分便利。叶村附近还建了高铁站，名为三阳站。三阳站的站房与站台融为一个整体，黛瓦、粉壁、马头墙凸显了地方文化特色，是中国唯一一个徽派建筑高铁站。高铁站的建成，极大地缩短了城乡的距离，提高了叶村的吸引力。

三阳高铁站

三、解元寺和三个古祠堂

进入叶村，随处可见各种保存完好的古建筑。当然，叶村最著名的还是传统民俗体育项目——叶村叠罗汉。说起叠罗汉，就不得不说起解元寺和三个古祠堂。

解元寺始建于明代。史料记载，解元寺大殿规模宏大，气势雄伟，造型庄重，构件精美。殿前有四大金刚。殿内有十八罗汉，每位罗汉手捧一块“朝笏”。大殿龛座雕刻精细，一个金光灿灿的大肚罗汉坐于其中。大殿内的两根石柱上写着“修竹千竿寒月当门摇琐碎，清溪一曲晴云绕户映空明”。解元寺原址位于村西往后山延伸的一块平地上。1982 年，叶村罗汉组在原址上重建一小寺，占地面积很小，且极为简陋，但胜在环境清幽。寺内立有一小牌位，上面写着“供奉解元古寺罗汉尊神之位，元宵出灯”。

古解元寺

现在的解元寺

洪氏支祠（敬本堂）始建于明嘉靖三十三年（1554），相传为洪氏六兄弟筹建，当地人俗称“六奉堂”；清嘉庆十二年（1807）进行了重修和扩建；光绪二十三年（1897）再次重修。洪氏宗祠坐北朝南，面阔约二十米、进深约三十米。该祠依山傍水，前有前庭，为三进五间二天井的格局，由门楼、门廊、享堂、寝堂和两庑组成，结构完整，保存良好。门楼为砖砌，为四柱三间五楼式，檐下施斗拱，刻有“恩宠”“世光第”字样。门廊单坡顶，五开间，后檐下悬挂“婺焕稀龄”古匾。享堂三开间，轩顶覆木椽，铺望砖，左右开间有落地屏门隔出的厢房，形成前三间后五间的格局，室内楹联、案桌、香炉等陈设齐全，木构件做工精巧，雕刻细腻。寝堂二层五开间，左右开间设五级石阶，走廊设木隔扇门，内设祖先牌位神龛。

享堂的前轩极为精美，叉手、垂莲、平盘斗、雀替等雕刻繁缛华丽。整个祠堂髹饰红漆。洪氏支祠至今保存完整，其构架宏大，雕琢精细，体现了古徽州的建筑风格，是徽州祠堂建筑的重要实物例证，对于研究徽州地域文化具有重要价值。2019 年 10 月，敬本堂被列为第八批全国重点文物保护单位。

敬本堂外观

敬本堂内景

洪氏宗祠（叙伦堂），始建于明天启七年（1627），位于叶村正中间，坐北朝南，以祠堂正门和寝堂的中点为轴线，左右对称，三进两天井五开间，有仪门、正门、侧门，有形态各异、寓意丰富的石雕、木雕、砖雕，有四叠式马头墙。门楼是重檐歇山式五凤门楼，脊上有鱼，喻状元及第、独占鳌头。门楼正中悬挂了“钦赐奉宸苑卿”和“状元及第”两块金匾。一块是乾隆皇帝感念洪徵治接驾有功所赐；另一块是洪均高中同治戊辰（1868）科状元时，同治皇帝所赐。整座门楼造型奇伟磅礴、金碧辉煌，是洪氏宗族繁荣兴旺的具体体现。走进洪氏宗祠，不难发现门槛极高，由此可知叶村洪氏在当时地位很高，是官宦世家。其大门上还嵌有门神像，左边秦叔宝，右边尉迟恭，虽然有些斑驳，但图像线条还清晰可见。正堂中间的梁上悬挂着“丹阳世家”的牌匾，可以看出洪氏先祖系丹阳人。正堂照壁

叙伦堂外观

叙伦堂内景

正中挂着新安洪氏世祖洪经纶[①]的画像，左侧照壁上挂着叶村洪氏始祖洪铉[②]的画像，右侧照壁上挂着叶村状元洪钧[③]的画像，永受洪氏后人瞻仰。有碑记之：“叙伦之堂，梁若蛟龙，巨柱擎天，雕琢精良，气势恢宏，是徽州古代建筑之典范。叙伦之义，在忠，在孝，在善，在和，忠以报国，孝存三亲，善待万物，和以睦邻。置身叙伦堂，睹堂之威仪，品叙伦之要义，若有所得，此先祖德泽之功也。”叙伦堂现为安徽省文物保护单位。

朱氏宗祠始建于20世纪30年代，和前两座祠堂相比，虽规模略小一些，但也是叶村保存较为完好的三大古祠堂之一。朱氏能够在大姓洪氏之中建一座祠堂，实属不易。朱氏一脉是在洪氏入驻后迁居而来的，现在虽只有十余户人家，但是在叶村也起到了举足轻重的作用。朱氏宗祠前门为砖砌五柱三层四开间，柱顶尚存圆柱状尖顶，从外观看，带有浓浓的西方建筑风格。走进祠堂，其构架与传统徽州建筑无异，主体建筑有仪门、享堂、寝堂，门厅两边为长方形天井，主梁架上有雕刻。听老一辈人说，朱家是徽州的大户人家，一直在外从商，但是乐善好施，仗义疏财，帮助过村里的许多穷人。叶村人为了报答朱家之情，每逢大年叠罗汉表演，都会在朱氏宗祠等待五兽灯出场。2021年，朱氏宗祠在原址上进行了修复，现为黄山市文物保护单位。

---

① 洪经纶，生于唐开元二十年（732），字汝仁。至德二载（757），以明经登进士第。为谏议大夫、河北黜陟使、宣歙观察使。为唐监察御史洪察之孙，侍御史并内供奉、监察御史、起居舍人洪子舆之子。徽州文学倡导者，新安文化的重要代表人物。

② 洪铉：后周显德六年（959），严州教谕洪铉因年迈辞去官职，过歙南之叶水，喜欢这里的风土人情，便定居于此。洪铉不久迁居王干叶村。生子曰靖，孙曰裕，日渐繁盛，为叶村洪氏始祖。

③ 洪钧（1839—1893），字陶士，号文卿，江苏吴县（今苏州）人。同治年间（1862—1875）中状元，任翰林院修撰。后出任湖北学政，主持陕西、山东乡试，并视学江西。1881年任内阁学士，官至兵部左侍郎。1887—1892年任清廷驻俄、德、奥、荷兰四国大臣。回国后，曾任总理各国事务衙门大臣，主张加强军训，巩固边防。

朱氏宗祠外观

朱氏宗祠内景

叶村洪氏宗祠文保单位标志碑

四、叶村叠罗汉艺术团

1992 年，歙县三阳镇人民政府将叶村叠罗汉技艺保护工作列入重要议程，并细化了保护内容，明确了保护措施，制定了具体工作方案。1998 年，歙县人民政府在徽杭公路设立“文化长廊”“文化墙”，将三阳乡命名为“民间艺术之乡”；不久，又将其命名为“叠罗汉之乡”，也就是我们常说的“罗汉村”。

2004 年 4 月，经过多方努力，歙县叶村叠罗汉艺术团成立了。团队组建后，每个人都干劲十足，来竞聘罗汉的人也越来越多。有了团队，就要有一名团长，在大家的一致推荐下，当时担任叶村村支书的洪学堂被推选为歙县叶村叠罗汉艺术团第一任团长，负责全

叶村叠罗汉应邀参加 2021 中国黄山绿水青山运动会开幕式

团的工作。我被推选为副团长，主要负责罗汉团队的管理及各类演出工作。

在担任副团长期间，我走遍了叶村的每一处，将叶村诸多喜爱叠罗汉的人聚集到一起，并加强对外宣传，筹集活动经费，为叶村叠罗汉的发展提供有力保障。

2014 年 7 月，经叶村村民举荐，我被推选为歙县叶村叠罗汉艺术团团长。于是，我将团队的职能进行了细化，设置了表演组、器乐组、剧务组等，并安排专人进行管理。我还根据现有的资料，整理出一批关于叶村叠罗汉的历史材料。我还组织罗汉团队参与各类省内外赛事，在香港国际文化艺术节、安徽文化节、黄山国际旅游文化节、歙县枇杷节、徽州古城民俗文化节等盛大节庆活动上频频亮相，获金奖五项，赢得一致赞誉，还先后登上《人民日报》《曲艺》《安徽日报》《黄山日报》等报刊，并有幸参与中央电视台、安徽电视台等电视台的节目录制。

2021 年 8 月，我们迎来了历史性的突破。在安徽省文化和旅游厅公布的 2021—2023 年度“安徽省民间文化艺术之乡”名单中，叶村叠罗汉入选，并与安庆市怀宁县石牌镇（黄梅戏）、滁州市凤阳县（凤阳花鼓）等八个“安徽省民间文化艺术之乡”共同申报 2021—2023 年度“中国民间文化艺术之乡”。同年 9 月，文化和旅游部公布 2021—2023 年度“中国民间文化艺术之乡”名单，叶村叠罗汉名列其中。

有烟火的地方，就有民俗文化。民俗，既是民族的，又是世界的。叶村叠罗汉作为一种民俗文化艺术，堪称古老东方民间艺术文化中的奇葩！如今，它已成为诸多演出活动中的保留节目，每逢重大节日、重大活动都会应邀出演。叶村人也秉承着团结、拼搏、创新、奉献的精神，努力让这项技艺名扬四海，远播世界。

第三章

叠罗汉技艺及其流变

非物质文化遗产是活态的，是流动的，重视人的情感、思想、审美等层面的因素。叶村叠罗汉是叶村人独有的艺术创作，经过约六百年的演变与发展，成为独特的艺术形式。

一、材料

（一）乐器

叶村叠罗汉演出的乐器主要有锣鼓、唢呐、二胡、笛子、京胡等传统民族乐器。乐器的演奏由叶村村民负责，他们根据叠罗汉表演不同的情节演奏与之相应的曲目。

在罗汉登台时，使用的主要是鼓，节奏一般为“匡七台七、匡七七台七，匡七台七、匡七七台七”。在演罗汉时，过去采用的伴奏乐器为唢呐、笛子等，现在多为京胡演奏的“小开门”。凡罗汉过场，鼓点均为“急急风”。每架造型完成时，锣鼓点均为“四声头”。在完成造型，进行展示旋转时，罗汉也是按照锣鼓固定的“咚哐、咚咚哐，咚哐、咚咚哐”的节奏来移动脚步。

每一套动作的完成，都是在乐器的伴奏下进行的，乐器可以说是叠罗汉的“眼睛”。乐器的节拍，指引着罗汉的动作、走位及节奏。同时，乐器的伴奏也为叠罗汉表演增加了浓厚的文化气息和观赏性。

（二）罗汉帖

罗汉帖相当于召集令，由罗汉头儿统一向入选的村民发放，郑重地告知参加人员何时何地进行训练表演。罗汉帖一般清楚地写道“恭请 ××× 同志，定于正月初六日到叶村叙伦堂排演罗汉，希按时参加”，落款一般为“叶村罗汉组 × 年正月初五日”。

发放罗汉帖，必须经叶村村民代表们集体开会研究决定，确定叠罗汉的表演时间及相关事宜后，推选出罗汉头儿。罗汉头儿根据村里人员情况，经过全方面考虑后，推选出参加叠罗汉的人选，再逐一发放罗汉帖。罗汉头儿会综合考虑人员的年龄、身高、体重及其身体健康状况，再决定其是否适合参加叠罗汉表演，以及扮演什么样的角色。罗汉帖的发放对象不限于村中的中青年，上至七十左右的老者，下至五六岁的儿童，都有机会收到罗汉帖。他们根据演出需要，扮演适合的角色。

收到罗汉帖对于叶村村民来说，是一种至高无上的荣誉，他们会放下手头的事务，全身心地投入叠罗汉的排练和准备中。每一个收到罗汉帖的村民，都会将罗汉帖挂于自家堂屋，以示光荣。这样的习俗一直未改。

我第一次收到罗汉帖是在八岁的时候。当时得知这一消息，我一下子就从床上跳了起来，开心地唱起了歌。第一次收到罗汉帖，我欣喜若狂，整整几个晚上都没睡踏实，还时不时拿出去向村里的小伙伴们炫耀。现在，我家中存放着几十张不同年份的罗汉帖，有的罗汉帖上的字迹都已经模糊了。

（三）脸谱

罗汉脸谱是在漫长的岁月中形成的，是中华优秀传统文化的一种标志。脸谱是根据罗汉在造型中的层次进行绘制的。

叠罗汉主要有四个层次，即“下架”“二架”“三架”“金顶”。“下架”为底层，多为年长者，脸谱以红、白、黑三色为主进行绘制。“二架”就是二层，多为年纪稍长者，以红、白、黑色加蓝、绿两色绘五色“碎脸”。“三架”多为年少者，用黄、绿、紫三色绘三色脸。“金顶”为年幼者，绘金脸。还有一种脸谱只画半边，俗称半边脸。

提及半边脸，就能看出古人的聪明与智慧。叶村叠罗汉“大六柱牌坊”架势共四层，需要十九名罗汉来完成，和平常所说的“十八罗汉”不一致。十八名罗汉在堆叠“大六柱牌坊”的过程中，会存在不对称、不协调的情况，影响美观。于是古人就根据其特点，想出了一个好办法：十七名罗汉画整张脸谱，另两名罗汉只画半张脸谱，两个半边脸拼起来就是完整的一张脸。这样也对应了十八罗汉的说法。

罗汉脸谱神似京剧脸谱，但又不是京剧脸谱。每一次演出，脸谱的造型都是不一样的，要根据演出类型、演出形式、演出主题以及当时的环境专门绘制。如参加大型演出，化装师就将脸谱画得隆重一些；小型演出，脸谱绘制则稍简单一些。叶村现在还有一位专门绘制脸谱的市级非物质文化遗产传承人，每次演出他都会帮助罗汉团队绘制脸谱。

绘制脸谱准备演出（一）

绘制脸谱准备演出（二）

绘制脸谱准备演出（三）

各种脸谱

小罗汉的脸谱（一）

小罗汉的脸谱（二）

（四）游村道具

游村道具有很多种，列于队伍最前面的是罗汉旗。“叶村叠罗汉”五个大字印于旗上，其作用主要是引领方向，不仅引领游村队伍的方向，也引导叶村人养成积极向上的价值观。位于旗后的，有钟鼓楼形灯、五兽灯、人物灯、十二生肖灯、花草虫鱼灯等。这些游村道具都有着吉祥美好的寓意。

这里重点说一下五兽灯。叶村的五兽灯，沿袭了古风古礼，每逢大年，叶村都会提前准备，并以小组为单位，一组八至十人，用竹子编制成神兽的模样，然后用绵纸糊起来，叶村村民在绵纸上画上青狮、白象、天狗、麒麟和獬豸五种神兽的模样。这些都表达了民众对美好生活的向往。

钟鼓楼形灯

五兽灯

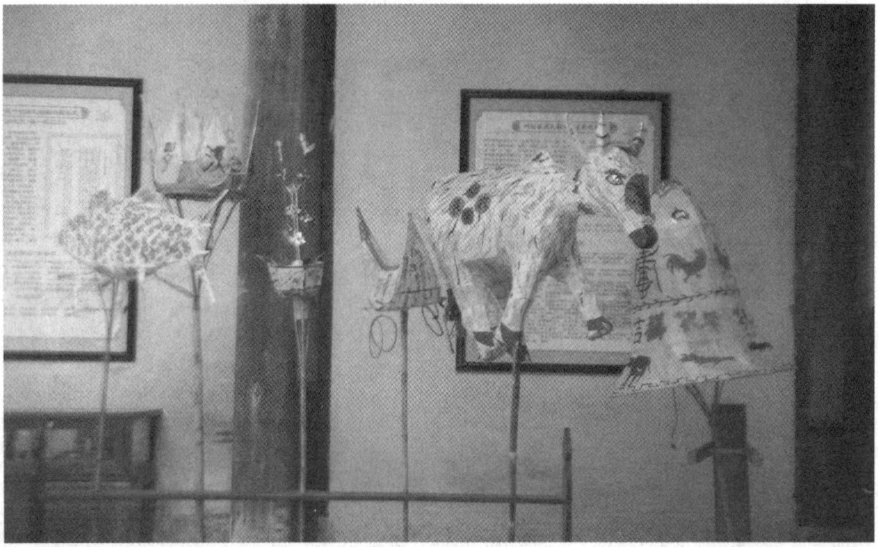

花草虫鱼灯

青狮是五兽之王，背上有一大大的古钱币，象征太平盛世，福禄寿喜，繁荣昌盛，有纳福迎祥的寓意。唐《乐府杂录》[①]记载：“戏有五方狮子，高丈余，各衣五色……舞太平乐曲。”

白象背上驮有一花瓶，瓶内插着单戟和双戟。隋《庾子山集》[②]记载：“阶变升歌，庭纷象舞。”它是文武双全、力量与智慧的象征。

天狗又叫火牛，背上有一金元宝，脸是大红色的，有着高高的鼻子，具有让妖魔不敢靠近的威力，可以御凶，还会带来无尽的财富。《山海经》[③]记载：“又西三百里，曰阴山。浊浴之水出焉，而南流注于蕃泽，其中多文贝。有兽焉，其状如狸而白首，名曰天狗，其音如榴榴，可以御凶。”

麒麟背上有一本南极仙翁的天书，是圣恩浩荡的象征。我国民间认为，麒麟为百兽之长，有“天上麒麟儿，地上状元郎”之说。相传，某天夜里，孔子家中的院子忽有一头麒麟踱进来，并从口中吐出一帛书，上面写道：“水精之子孙，衰周而素王，征在贤明。”翌日，孔家传出一阵响亮的婴儿啼哭声。后来“麒麟吐书”“麒麟送子”在民间广为流传。

獬豸背上置有广成子和太上老君的太极图。该图霞光万道，瑞彩千条，有镇妖祛邪、分辨曲直的寓意。獬豸是中国古代执法严明、公平公正的一种象征。《后汉书·舆服志》记载：“獬豸，神羊，能辨

---

①《乐府杂录》，又名《琵琶录》，是中国古代的音乐史料论著，唐人段安节为补《教坊记》之不足所著。段安节，系《酉阳杂俎》作者段成式子，善乐律，能自度曲。该书主要是对开元（713—741）以后音乐、歌舞、俳优、乐器等问题的考证，是研究唐代后期礼乐制度、音乐、舞蹈、戏曲发展轨迹的宝贵资料。

②《庾子山集》，是北周庾信撰写的诗文集。庾信（513—581）字子山，南阳新野（今属河南）人。

③《山海经》保存了不少脍炙人口的远古神话传说和寓言故事，还具有非凡的文献价值，对中国古代地理、文化、民俗、神话等研究均有参考价值，其中的矿物记录更是世界上最早的相关文献。

别曲直。”

现在的五兽灯下面都附有四轮推车，之前是没有的，都是靠人去举，但是由于叶村实在太大，徒手去举太费力气，因此采用轮子推行的方式游村，既节省了人力，也大大降低了材料的损耗。

这些道具一般在游村活动中使用，由本村人纯手工制作而成，由罗汉扮演者们手持或手推着游村。游村队伍要提前制定游村路线。游村必须经过每一家门口、每一条小街小巷，如有遗漏，那家人就会很不开心，所以每次游村对我们来说都是很重的体力活。当游村队伍到达时，每家每户也都会热烈欢迎并点燃爆竹迎接。游村习俗是从很久以前传承下来的，一直延续到现在，这也突出了叶村叠罗汉的悠久历史及浓厚的文化底蕴。

（五）服饰

关于罗汉的服饰，我们也有着严格的要求。早些年我们都是赤膊上阵，下身穿灯笼裤，系根红色的腰带，不管天气多么寒冷都是这样。现在演出，基本都要身着罗汉服。一是赤膊影响美观，在当今社会是一种不太文明的行为。二是如果在夏天演出，出汗多，脚踩在身上很容易滑倒，影响效果。随着时代的发展，罗汉的服饰也进行了改变，现在一般上身着黄褂，下身根据架位着不同颜色的灯笼裤。下架穿黄色灯笼裤，二架穿红色灯笼裤，三架穿绿色灯笼裤，金顶穿绿色灯笼裤。每个罗汉都系有一根红色腰带，穿布袜，下架一般还需穿元宝鞋。罗汉服饰作为叶村叠罗汉活动的重要组成部分，不仅展示了罗汉们的肢体美，而且能强化演出所要表达的情绪，修饰肢体语言的不足，增加其美感。

小罗汉手持游村道具

二、流程

大年“大叠”，小年“小叠”。小年活动套路相对简单一些，罗汉组发出演出通知，在外务工的村民如有空则回乡参加活动，如时间紧、抽不开身则不作太多要求。大年则需提前准备，通知所有在外务工的村民回村参加活动，每一个收到通知的人都会协调好手头的事务，克服重重困难，回乡参加活动。日久成俗，使得叶村一年一度的叠罗汉演出以迥异于别村的面目出现，极具地域特色。

在彩排前，叶村要召开会议进行协商，选出罗汉头儿，并确定好表演时间及相关事宜。罗汉头儿负责确定罗汉人选，并发出罗汉帖。接到罗汉帖的村民，立即处理好手头其他事务，等待召集。目前叶村罗汉组加上导演、化装师等工作人员，大概有五十人，除了几个七八岁的小罗汉外，大多是身强力壮的中青年，还有一到三个七十岁左右的长者。

正月初六晚上，伴随着爆竹声和锣鼓声，由罗汉头儿带领着众罗汉前往解元寺请罗汉老郎牌位。请到罗汉老郎牌位后交由最小的罗汉捧着，走在队伍的最前面。其场面异常热闹，途经之处，叶村人都会点燃爆竹、夹道欢迎，簇拥着将牌位安置在排练处的香案上。此时，鞭炮齐鸣，响彻云霄。当晚，大家就开始按照《罗汉簿》所载架势训练。训练期间，罗汉们每天聚在一起，直到初十训练结束。

正月十一至十四开始彩排。在彩排阶段，所有罗汉皆需赤膊上阵，并系上红色腰带，穿上灯笼裤。但是彩排期间不画脸谱。彩排时所有罗汉配合着锣鼓声，听从罗汉头儿指挥，团结协作，各种程式套路依次进行，一如正式演出。

从正月十一开始，每天晚上都会有一盏兽灯亮相，到正月十五，五兽灯依次亮相完毕。游灯队伍会从朱氏宗祠出发，绕村庄一圈后返回朱氏宗祠。其间，若有久婚不孕之人，事前可向灯组提出迎灯请求，待麒麟灯游至该家门前，即停止前进，锣鼓敲进这家家门，预祝这家年轻夫妇早生贵子。该户人家如来年得子，必发放红包，邀请罗汉们吃添丁喜酒，以示感谢。

正月十五早晨，罗汉们就会统一在敬本堂化装，然后在罗汉头的带领下听候安排。上午，罗汉们开始游村。在游村的队伍里，锣鼓队在前面开道，钟鼓形灯、五兽灯、人物灯、十二生肖灯、花草虫鱼灯跟在后面，灯后是化了装的罗汉队伍以及十多个男女村童。孩子们扮演的人物有唐僧师徒、包公、白素贞、七仙女等。下午，村里组织专门的五兽灯游村活动，罗汉们不用参加，回家休息，为晚上的演出养精蓄锐。晚上七八点钟，等五兽灯游村结束后，罗汉们便高举着各式各样的罗汉灯，再次游走在千年古村落的大街小巷。从高处往下看，通体透明的罗汉灯犹如游动的长龙，洋溢着千年古村落的东方情韵。

游村活动

游村

到古戏台时，罗汉队伍伴随着锣鼓、鞭炮声，跳上台，并绕台走三圈。此时台下早已热闹非凡，一派欢乐氛围，叠罗汉的表演也即将拉开帷幕。

叶村叠罗汉的表演内容分为两个部分。上半部分以戏剧表演为主要形式，俗称“演罗汉”，由罗汉们表演徽州民间戏剧中的一些场景，有小罗汉拿着扫帚打扫佛堂、十二罗汉集体亮相、十二罗汉登台打坐等。接着，引上韦驮、灵官等表演拳脚功夫。随后一老罗汉带两小罗汉登场礼拜，并演练庙宇的日常生活场景，有诵经、打坐、鸣钟等。最后上演老罗汉为小罗汉打桑葚，小罗汉抢桑葚，其场景极为有趣。整个过程惟妙惟肖，神态逼真，再现了解元寺的日常生活，也表达了对叶村的美好祝愿。

小罗汉打扫佛堂

十二罗汉集体亮相

十二罗汉登场打坐

韦驮出场

灵官出场

韦驮、灵官表演拳脚功夫

老罗汉带小罗汉登场礼拜

诵经打坐

叶村罗汉表演的下半部分为“叠罗汉”。动作上从容易到复杂，人数上从少到多，难度逐级递升，从最初的一连四，到最为壮观的大六柱牌坊。罗汉们根据架位的不同，绘制好不同的脸谱逐一亮相，然后在热闹的乐器声中，叠砌起各种架势。“大一柱牌坊”是由五个罗汉组成的架势，其造型似擎天一柱，气势磅礴。下架需担起四个人的重量，并绕台旋转三周，难度极大。“大鹏鸟”是由五个罗汉组成的一只翱翔的巨鸟造型，剪刀似的尾巴和轻快有力的两翼惟妙惟肖。“摆渡”是由四个罗汉支起的坚固船体造型，一个小罗汉在船上拂着海风，伴着海浪，向着梦想的方向扬帆启航。在表演“双牛虻”的架势时，下架罗汉可以在肩驮两人的情况下，单腿旋转几十圈，可谓拔山扛鼎。“树荷花”在不经意间悠然绽放，远远望去清新脱俗。“普陀岩”构成的天然亭阁，高数丈，兀立山中。此外，“太师椅”“二柱牌坊”“三柱牌坊”“钵盂”“地荷花”“大六柱牌坊”等架势，皆各有巧妙，精彩绝伦，每组造型都会带来不一样的视觉盛宴。

十六日晚继续叠罗汉，展示十五日晚没有出现的一些架势。

表演全部结束后，要参拜罗汉老郎牌位，然后送罗汉老郎牌位至解元寺归位。此时叶村叠罗汉演出大致接近尾声。

正月十七继续嬉五兽灯。嬉灯结束后，要将五兽灯推到狮头岭下。五兽灯的头部一律朝向狮头岭，名曰“给五兽送信”，祈求来年风调雨顺，五谷丰登。仪式结束后，要把五兽灯架放回洪氏宗祠，再各自回家。至此，叶村的叠罗汉演出活动才算圆满收场。

大一柱牌坊

大鹏鸟

摆渡

双牛虻

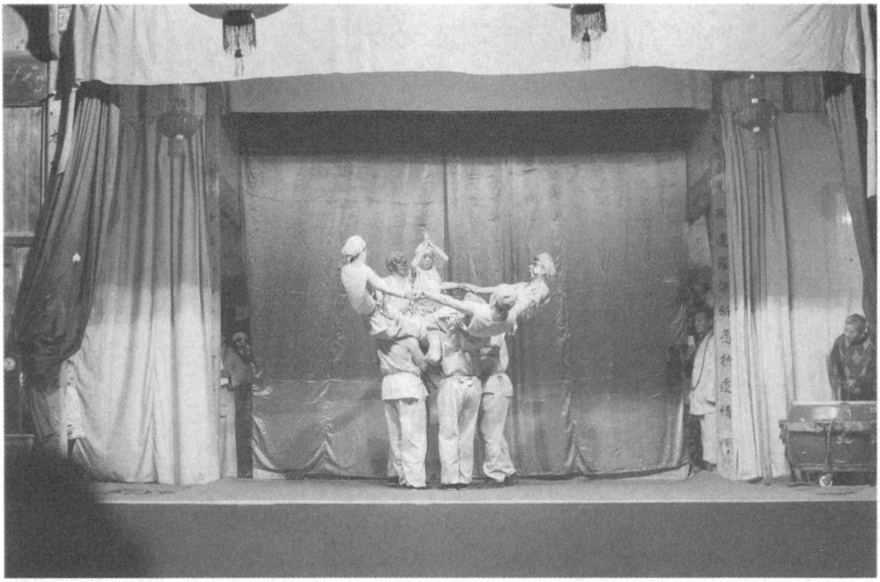

树荷花

普陀岩

太师椅

二柱牌坊

三柱牌坊

钵盂

地荷花

大六柱牌坊

三、造型

叠罗汉的造型是根据叶村流传下来的《罗汉簿》中的架势发展、演变而来的，共有六十六套架势。从造型上来说，不是简单的人叠人，而是通过骑、坐、伏、卧、倒、立、拉、撑、支、跪等不同动作组合成不同的造型，并从不同的层次、高度上进行动态展示。

从内容上看，架势大致可分为四大类。

神话故事类，有“童子拜观音”“金鸡飞”“大鹏鸟”“仙人桥”“仙人打坐”“普陀岩”“三尊大佛”“刘海戏金蟾”“三脚蟾”“宝塔莲”“睡佛”“树荷花”“地荷花”“莲花座”“石猴出洞”“龙驹马”“蜻蜓点水”“金鞭脱靴”“二龟听法”“猴儿望月”“观音岩”“佛法无边”等二十二套架势。

器物珍宝类，有“单戟”“双戟”“净瓶”“大元宝”“大角旗”“秤衡”“三宝印”“香炉花瓶”“铜锣架”“锅架”“旗杆”“磬”“日照”“太师椅”“钵盂”“锡杖”“笔架”“井栏圈”“大春笋”等十九套架势。

世俗情景类，有“一连四”“耸长人”“坐罗汉”“滚灯”“走马灯”“双牛虻”“摆渡”“饮酒侍宴”“戏水”等九套架势。

徽派建筑类，有“小一柱牌坊”“大一柱牌坊”“二柱牌坊”“三柱牌坊”“小四柱牌坊”“大四柱牌坊”“五柱牌坊”“大六柱牌坊”“单洞桥”“双洞桥”“三洞桥亭”“蜂窠”“凉亭”“水阁”“解元古寺”“五凤楼”等十六套架势。

这些造型都是古徽州特有的文化印记，从中可了解当年解元寺僧人们生活的点点滴滴，也不难发现当时徽州人美好的生活状态。

四、特色

史料记载，叶村叠罗汉起源于约六百年前。其形成过程和叶村人的生产、生活息息相关，经过不断的革新，形成了现在的六十六套架势。叶村叠罗汉可以说是来源于生活，表现生活，并在长期的实践中增进了文化认同。

（一）文化上的特色

伴奏乐器、脸谱、游村道具等材料独具特色，展示了当地的特色文化。从表演形式上，也不难看出团结协作、风雨同舟的集体主义精神和百姓之间讲信修睦的优秀传统美德。堆叠的造型既有徽州人劳动生活的场景，也有僧人平时强身习武所需要的各类兵器，还有当地的建筑造型等，很好地将徽州文化元素融入其中。比如徽州当地有许多牌坊，在表演中就融入了大量的牌坊元素，有一至六柱牌坊的架势。徽州牌坊代表着忠、孝、仁、义等美好品格，叠罗汉将这些徽州文化元素融入艺术表演中，使之成为对青少年进行传统文化教育的优质资源。演出、排练场所均为国家和省级文物保护单位。这些重要的实物，也为叠罗汉的演出增添了浓厚的文化气息。

（二）延续上的特色

叶村叠罗汉在发展过程中也遇到过坎坷。“文革”期间，其曾被质疑为封建迷信活动。当时的叙伦堂等演出、排练场所都被用作学堂，演出道具也受到严重破坏，《罗汉簿》被要求上交，这直接影响了叶村叠罗汉的传承与发展。但是叶村人为了保护《罗汉簿》，偷偷地抄了一本后，才将祖传的《罗汉簿》上交。正因为此举，《罗汉簿》才得以流传至今。1966 年，相关部门明令禁止叠罗汉演出，这让叶村上上下下忐忑不安，后经集体研究，决定偷偷组织演出。恰好当时驻守叶村的工作组成员都早早离开叶村回家过年，于是大家偷偷地在村里组织排练，安排专人在村庄周围放哨，并封锁了演出消息。在元宵节的后半夜，叶村罗汉团队在专人的把守下，顺利演完了十几套架势。可以说，叶村叠罗汉的演出从未间断过，一直延续至今。

（三）地域上的特色

叶村是一座古色古香的江南古村庄，经过千年岁月的洗礼，依然生机勃勃。叶村一带物华天宝，地灵人杰，流传着“岳飞过狮头岭”“乾隆千里来福泉”“洪钧面君为状元”的故事。清代同治年间（1862—1874）状元洪钧就是从这个村庄走出的徽州骄子。至今，这个村庄依然保存着“状元及第”匾以及状元洪钧的题字、楹联等。除此之外，叶村交通便捷，物产丰富。叶村充分结合了地域文化特色和自然生态优势，正在全力打造“旅游 + 叠罗汉”项目，吸引各地游人的目光。

（四）叶村人自身特色

俗话说：“叙伦堂前勤演绎，敬本堂内绘脸谱，古戏台上叠罗汉。”叶村人长期以来都以农业生产为主，有大方茶、菊花、山核桃、金丝琥珀蜜枣等近千种可食用的食材和药材。叶村人勤劳俭朴、热情好客，形成了良好的民风村俗。到叶村去探访徽州古村，追寻徽州文化，相聚在洪氏宗祠，感受徽州人浓浓的姓氏宗族文化，确是一件乐事。加之叶村叠罗汉演出形式奇特，每一次演出都尽显叶村人的雄姿。这一奇特的表演形式吸引着更多的人来到叶村感受这份文化大餐，对当地的经济也会产生一定的影响。老百姓富裕了，传统观念也随之改变了，也能更好地发挥徽州人的主人翁意识。叠罗汉促进了邻里和睦，让参与其中的人都能享受这欢聚时刻。每次叠罗汉表演，叶村人都会各司其职，这也在无形中树立起“我为人人，人人为我”的理念。

第四章

叶村叠罗汉六十六式

叶村叠罗汉采用“以老带新”“口传身授”的传承方式，但是在长期的实践中，由于部分架势不经常系统练习，人们关于其造型的记忆已经模糊不清，甚至完全将其遗忘了。我和师傅及团队成员进行了多轮交流，并查阅相关史料，再次对每招每式的造型和名称进行详细研究。师傅进行讲解，我和团队成员示范动作要领，并请黄山学院艺术学院专业人士绘制了六十六套架势图解[1]。这可以让人们更直观地了解叶村的叠罗汉文化。

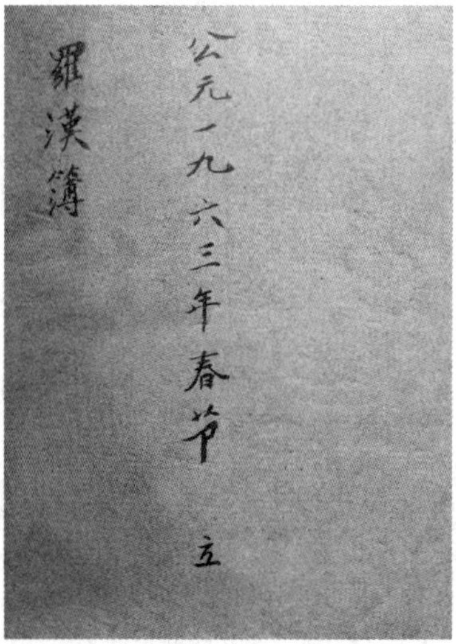

《罗汉簿》

① 本书图解仅为示意图，可能存在不具体细致之处，敬请读者包涵。

第一式：一连四

（四位下架）

“一连四”是由四位罗汉组成的架势。这是叠罗汉最基本的动作。四罗汉站成一排，相互搭着肩膀，迈着强劲有力的步伐，走向舞台，向观众们鞠躬亮相。出场的每一个罗汉都神采奕奕，朝气蓬勃。罗汉的出场，彰显出叶村人团结一心、不怕困难、众志成城的精神风貌。“一连四”一出场，预示整场演出即将拉开序幕。

第二式：耸长人
（四位下架　四位二架）

“耸长人”[①]是由八位罗汉组成的架势。下架四罗汉垂直站立；二架四罗汉站立于下架四罗汉肩上。下架四罗汉用双手紧握二架四罗汉的脚踝，加以保护；二架四罗汉挺胸直立，双手合十置于头前。通常二架的人要比下架的人矮一点、轻一点，这样才能更好地展现出美感。该造型的寓意为一代人站在另一代人肩上砥砺前行，也有着出人头地、出类拔萃的美好祝愿。

①耸长人：《罗汉簿》中的架势名称，意思是高高叠起的人。

第三式：童子拜观音
（四位下架 四位二架）

“童子拜观音”是由八位罗汉组成的架势。下架四罗汉双手搂住二架四小罗汉的腰腹部，将其抱起；二架四小罗汉双腿向后盘于下架罗汉腰间，身体前倾，双手合十，置于胸前，摆出拜佛造型。小罗汉笑脸相迎，稚气十足，喜气洋洋，呈现祈求赐福的场景；下架罗汉则伴随着鼓声绕台旋转。造型惟妙惟肖，富有禅趣。

第四式：坐罗汉
（四位下架　四位二架）

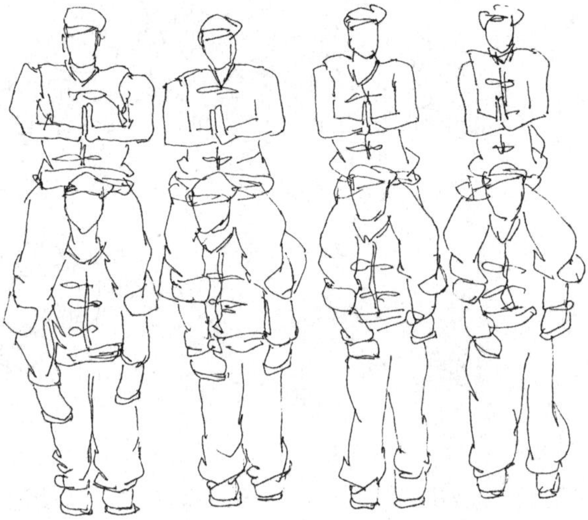

“坐罗汉”是由八位罗汉组成的架势。下架四罗汉垂直站立；二架四罗汉坐于下架四罗汉的肩上。下架罗汉用双手挽住二架罗汉膝部，加以保护；二架四罗汉面带笑容，背部挺直，双手合十，置于胸前。该造型泰然自若，有着引人向善的美好寓意。

第五式：金鸡飞
（四位下架　四位二架）

“金鸡飞”是由八位罗汉组成的架势。下架四罗汉将二架四罗汉扛于单肩上，一只手挽住二架罗汉的内侧大腿，另一只手臂自然向外伸展；二架四罗汉一只手撑于下架肩上，另一只手自然向外伸展。在下架罗汉旋转的过程中，下架与二架向外伸展的手臂快速摆动，犹如一群展翅欲飞的金鸡，姿态优雅高贵。“金鸡”是古代传说中的一种神鸡，有着金鸡报晓、吉祥如意的美好寓意。

第六式：单戟
（一位下架　一位二架　一位金顶）

“单戟”[①]是由三位罗汉组成的架势。下架一罗汉垂直站立；二架一罗汉垂直站立于下架肩上。下架双手紧握二架小腿；二架双手合十，向上举起，犹如锋利的枪尖；金顶小罗汉内侧手臂紧握二架腿部，内侧腿从下架的肩膀和手臂中间的空隙穿过，并坐于下架单肩上，以便保持平衡，外侧手臂微微举起，犹如锋利的刀。

---

① 戟是戈和矛的合体，在戈的头部再装矛尖，是具有钩杀和刺杀双重功能的格斗兵器，杀伤力比戈和矛都要强。

第七式：双戟

（一位下架　一位二架　两位金顶）

“双戟”是由四位罗汉组成的架势，是在“单戟”造型基础上形成的。下架垂直站立；二架垂直站立于下架肩上。下架双手紧抓二架小腿；二架双手合十，向上举起，犹如锋利的枪尖；两个金顶小罗汉，分别坐于下架两侧的单肩上，其内侧手臂紧握二架腿部，内侧腿从下架肩膀和手臂中间的空隙穿过，外侧手臂微微向外举起，犹如刀刃，尖而锋利。

第八式：大鹏鸟
（一位下架　一位二架　三位金顶）

“大鹏鸟”是由五位罗汉组成的架势。下架一罗汉垂直站立；二架一罗汉骑坐在下架肩上，双腿自然向前。金顶三小罗汉，一小罗汉呈“童子拜观音”造型，两腿盘于下架腰上，双臂锁住二架罗汉的两边脚踝，将头向上抬起，犹如大鹏鸟的头；另两金顶小罗汉内侧腿从下架和二架手臂和腿的空隙中穿过，内侧手臂挽住二架的大腿，外侧手臂向外自然展开，犹如大鹏鸟的两翼；二架罗汉将身体后倾，双臂向后伸展，双手合十，犹如大鹏鸟的尾巴。下架在奔跑中，两边翅膀和尾巴不停地摆动，犹如一只展翅高飞的大鹏鸟。这组造型难度极大，下架一人需托起四个罗汉，并在快速奔跑中绕台旋转，需要极强的身体素质。

第九式：仙人桥
（五位下架　四位二架　一位金顶）

“仙人桥”是由十位罗汉组成的架势。下架五罗汉呈一字形站立，双腿跨大步，双脚前后站立，相邻的罗汉用脚相互顶住，连成一线，立作桥墩；二架四罗汉先骑坐在下架前四罗汉的肩上，并同时向后平躺，仰架于下架后四位罗汉的头顶。下架罗汉用双手将其固定，保持平衡，一座“桥”就架成了。金顶一小罗汉，立于二架的身上，并快速在“桥”上来回奔跑。过桥者须提气，架桥者须运气，被踏者须屏住呼吸。

第十式：小一柱牌坊
（一位下架　两位二架　一位金顶）

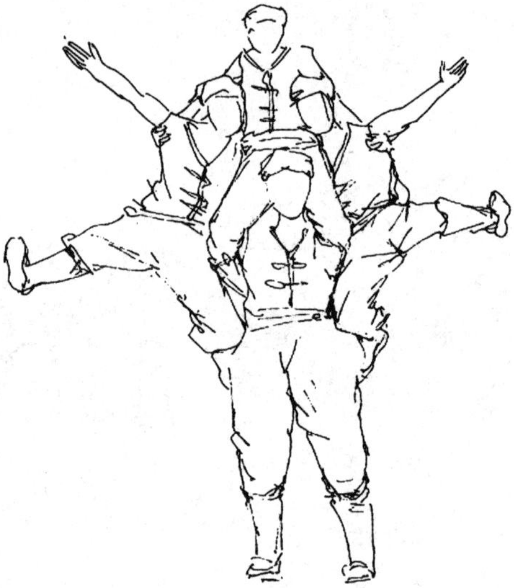

“小一柱牌坊”是由四位罗汉组成的架势。下架一罗汉垂直站立；一金顶罗汉骑坐在下架罗汉肩上。二架两吊边罗汉一手握住金顶罗汉的脚踝，内侧膝盖抵住下架罗汉大腿外侧，另一手向外伸出的同时，金顶罗汉将其手臂用力托起，使其保持平衡。造型似擎天一柱，有着堪当重任、砥砺前行的美好寓意。“小一柱牌坊”是牌坊架势堆叠中最为简单的一种造型，但对身体的力量和平衡性也有较高的要求。

第十一式：二柱牌坊

（两位下架　四位二架　一位金顶）

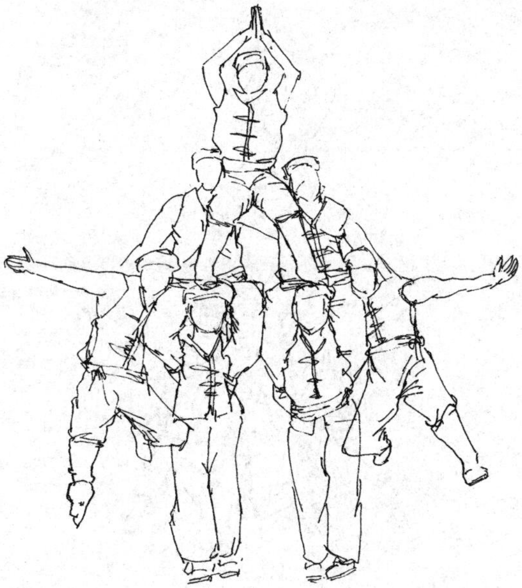

“二柱牌坊”是由七位罗汉组成的架势。下架两罗汉并排垂直站立，犹如牌坊的两根立柱；二架两罗汉骑坐在下架罗汉肩上；一金顶小罗汉坐于二架中间两罗汉内侧的肩上，双脚分别置于下架两罗汉头顶，双手合十举起，犹如牌坊的尖顶；二架两吊边罗汉，一手握住二架罗汉脚踝，膝盖抵住下架两罗汉大腿外侧，另一手向外伸出的同时，二架中间两罗汉将其手臂用力托起，使其保持平衡。整个造型如巍然耸立的牌坊，惟妙惟肖。

第十二式：大一柱牌坊

（一位下架　三位二架　一位金顶）

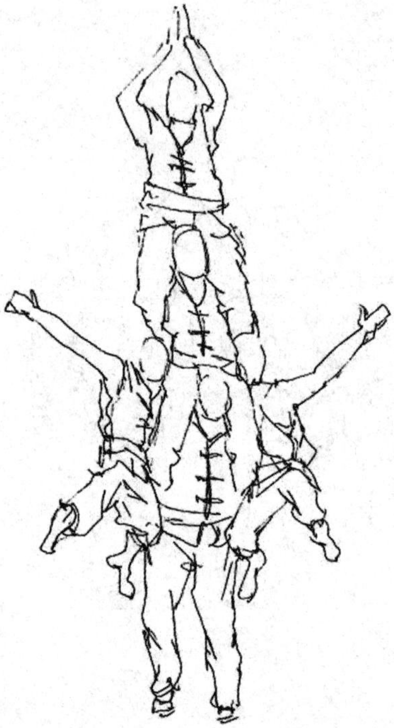

“大一柱牌坊”是由五位罗汉组成的架势。下架一罗汉垂直站立；二架中间罗汉骑坐在下架肩上；一金顶小罗汉骑坐在二架罗汉的肩上，双手合十举过头顶；二架两吊边罗汉，一手握住二架罗汉的脚踝，膝盖抵住下架罗汉大腿外侧，另一手向外伸出的同时，二架罗汉将其手臂用力托起，使其保持平衡。此架势由三层罗汉叠加而成，下架需要担起四个人的重量，还需绕台旋转三周，难度极大。

第十三式：井栏圈
（四位下架 四位二架）

“井栏圈”是由八位罗汉组成的架势。下架四罗汉面对面站立，围成一个菱形；二架四罗汉交错站立在下架罗汉的肩上，双手搭在邻近罗汉的肩膀上，身体向内倾斜。下架相邻罗汉手臂交叉紧握邻近二架罗汉的脚踝，同时进行旋转。在旋转的过程中，整个架势犹如放置在水井上端的“井栏圈”，保护着井壁，表达了饮水思源、不要忘本的美好寓意。

第十四式：净瓶
（四位下架　四位二架）

“净瓶”是由八位罗汉组成的架势。下架四罗汉背对背垂直站立，相互挽住邻近罗汉的手臂。二架四罗汉背对背骑坐在下架肩上，手臂也相互挽住。该架势就像一个圆肚小颈的净瓶，含有甘露遍洒、祈求幸福生活的美好寓意。

第十五式：仙人打坐
（四位下架　六位二架　一位金顶 / 两位下架　一位二架　一位金顶）

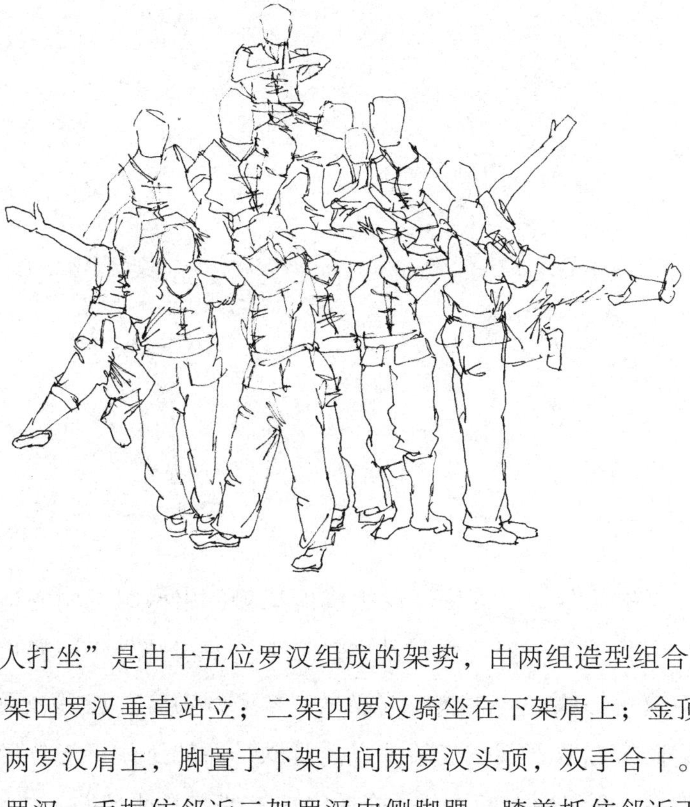

“仙人打坐”是由十五位罗汉组成的架势，由两组造型组合而成。一组为下架四罗汉垂直站立；二架四罗汉骑坐在下架肩上；金顶坐于二架中间两罗汉肩上，脚置于下架中间两罗汉头顶，双手合十。二架两个吊边罗汉一手握住邻近二架罗汉内侧脚踝，膝盖抵住邻近下架罗汉大腿外侧，另一手向外伸出的同时，二架外侧罗汉将其手臂用力托起，使其保持平衡。另一组为下架两罗汉垂直站立，二架一罗汉平躺于下架两罗汉的肩头，一金顶罗汉盘腿坐于二架身上，双手合十。两组动作合为一体，犹如一群仙人穴居山中打坐修行。

第十六式：双牛虻
（两位下架　两位二架　两位金顶）

“双牛虻”是由六位罗汉组成的架势，由两组相同的造型组合而成。一组为下架一罗汉垂直站立；二架一罗汉骑坐于下架肩上，上身直立，双手掐腰；一金顶小罗汉呈“童子拜观音”造型，两腿向后盘于下架腰上，双臂锁住二架罗汉的脚踝，保持身体平衡。另一组为同样的造型。两组面对面旋转，旋转中二架罗汉身体后仰，口中发出“吱吱”的声响，犹如两只牛虻，十分俏皮。

第十七式：戏水

（两位下架 两位二架 两位金顶）

“戏水”是由六位罗汉组成的架势，由两组相同的造型组合而成，是从“双牛虻”变化而来的。在“双牛虻”旋转时，骑坐在下架肩上的二架罗汉向后平躺，双脚顺势将金顶小罗汉向上提起，金顶小罗汉用双臂锁住二架脚踝。下架罗汉不断旋转，二架罗汉的双手不停摆动，金顶罗汉双脚不停蹬着，犹如一群人在戏水打闹，不亦乐乎。

第十八式：小四柱牌坊
（四位下架　六位二架　一位金顶）

“小四柱牌坊”是由十一位罗汉组成的架势。下架四个罗汉并排垂直站立，犹如四根立柱；二架四罗汉骑坐在下架肩上，邻近罗汉相互挽住手臂；一金顶小罗汉坐于二架中间两罗汉肩上，脚置于下架中间两罗汉头顶，双手合十上举。二架两吊边罗汉一手握住邻近二架罗汉内侧脚踝，膝盖抵住邻近下架罗汉大腿外侧，另一手向外伸出的同时，邻近二架罗汉将其手臂用力托起，使其保持平衡。该造型仿佛一座四柱牌坊，宏伟壮观。徽州的牌坊多数都有四根大立柱，多用于旌表功德。

第十九式：五柱牌坊
（五位下架　七位二架　三位三架　一位金顶）

“五柱牌坊”是由十六位罗汉组成的架势。下架五罗汉并排垂直站立；二架五罗汉骑坐在下架罗汉肩上；三架三罗汉，分别骑坐在二架中间三罗汉肩上，靠外侧的罗汉将手向外侧自然伸展；金顶坐于三架中间罗汉肩上，双手合十；二架另两吊边罗汉一手握住邻近二架罗汉内侧脚踝，膝盖抵住邻近下架罗汉大腿外侧，另一手向外伸出的同时，邻近二架罗汉将其手臂用力托起，使其保持平衡。一坊架连，五脚并立，呈三角形，造型稳固，十分壮观。

第二十式：大元宝

（四位下架　四位二架）

“大元宝”是由八位罗汉组成的架势。下架四罗汉相向垂直站立；二架两侧罗汉站立于下架肩上，双手举起，身体向后倾斜，下架罗汉用双手握其脚踝，做出一个“元宝”的外轮廓；二架中间两罗汉相向站立于下架中间两罗汉的肩上，身体向前倾斜，相互挽着肩膀，头靠在一起，呈拱门形。整体造型两头翘，中间平，远望犹如一个金灿灿的大元宝，表达日进斗金、招财进宝的美好寓意。

第二十一式：普陀岩

（五位下架　五位二架　一位金顶）

“普陀岩”是由十一位罗汉组成的架势。下架五罗汉整体呈♡形垂直站立；二架五罗汉，其中两罗汉坐立于下架靠前两罗汉的肩上，且双腿交叉，双手举起；一金顶罗汉坐于其中，双手合十。下架中间两罗汉，将二架两罗汉扛于外侧肩膀上，并用手托住二架罗汉的大腿；二架两罗汉外侧手向外伸展；二架另一罗汉站于下架后一罗汉的肩膀上，双手举起，犹如巨大的岩石，屹立于群峰之中。金顶小罗汉盘腿坐于岩石之上，表达延年益寿、开智增慧的寓意。

第二十二式：三尊大佛
（七位下架　五位二架 / 四位下架　两位二架　三位金顶）

“三尊大佛”是由二十一位罗汉组成的架势，由两组造型组合而成。一组为下架七罗汉垂直站立；二架中间罗汉站立于下架中间罗汉的肩上，双手向上举起；两边各一罗汉分别坐于两下架的肩上；二架两侧罗汉坐于下架两侧罗汉的外肩上，外侧手脚自然向外伸展。另一组为下架四罗汉垂直站立，二架罗汉头朝外、脚朝内分别平躺于下架四罗汉的肩上，双脚合在一起；两边金顶小罗汉盘腿坐于两二架的身上，中间一金顶罗汉盘腿坐于两二架的脚背上，双手合十，三位金顶罗汉犹如“三尊大佛”立于大雄宝殿之中，坐于莲花台上，造型独特，大气磅礴。

第二十三式：摆渡
（两位下架　两位二架　一位金顶）

“摆渡”是由五位罗汉组成的架势。下架两罗汉，面对面站立；二架两罗汉骑坐于下架罗汉肩膀上，相互挽着手，双腿交叠在一起，身体向后仰，摆出船沿的形状；金顶坐于二架罗汉交叠的腿上，双手向两侧自然张开，摆出划船的造型。下架绕台旋转，二架左右摇晃，犹如一艘在风浪中扬帆起航的快船，表达了一帆风顺、心想事成的美好祝愿。

第二十四式：大角旗
（三位下架）

“大角旗”是由三位罗汉组成的架势。一罗汉盘腿坐于地面，双手在胸前合十；中间一罗汉盘腿坐于地面，双手在头顶合十；另一罗汉双脚垂直站立，双手举起，在头顶合十。将三个罗汉的手连成一线，犹如一面迎风招展的大角旗，蔚为壮观。中华民族有悠久的旗帜文化，这些旗帜颜色各异，大小、形状各有不同，图案、装饰众多，在不同场合代表着不同的意义。

第二十五式 ：刘海戏金蟾

（四位下架　四位二架　一位金顶）

“刘海戏金蟾”是由九位罗汉组成的架势。下架四罗汉双手支撑着跪地，头向前，腿向后，依次排开；二架两罗汉双脚分开，分别站立于下架四罗汉的背上，内侧手臂相互挽起，外侧手臂各托起一个小罗汉，代表金蟾；被托起的小罗汉内侧手臂顺势挽住二架罗汉的肩膀，外侧手、腿向外侧自然伸展；一金顶小罗汉纵身一跃，立于二架两罗汉的肩上，双手合十。整个造型有着祈愿事业兴旺、财运亨通的美好寓意。

第二十六式：单洞桥

（五位下架　三位二架　一位金顶）

“单洞桥”是由九位罗汉组成的架势。下架有五罗汉，其中三罗汉背靠背站立，将二架三罗汉扛于外侧肩膀上，并用手挽住二架罗汉的大腿；二架三罗汉身体向内倾斜，一只手撑于下架罗汉肩上，另一只手向斜上方伸展，犹如亭子的三个角梁；金顶小罗汉坐于二架三罗汉的肩膀上，双手合十，举过头顶，犹如亭子的宝顶。下架另外两名罗汉弯腰将双手搭在对方的肩膀上，呈拱门形，如桥洞，与亭子完美衔接。“人在桥上走，水在桥下流。”这象征着人与人之间的沟通。

第二十七式：双洞桥
（七位下架　三位二架）

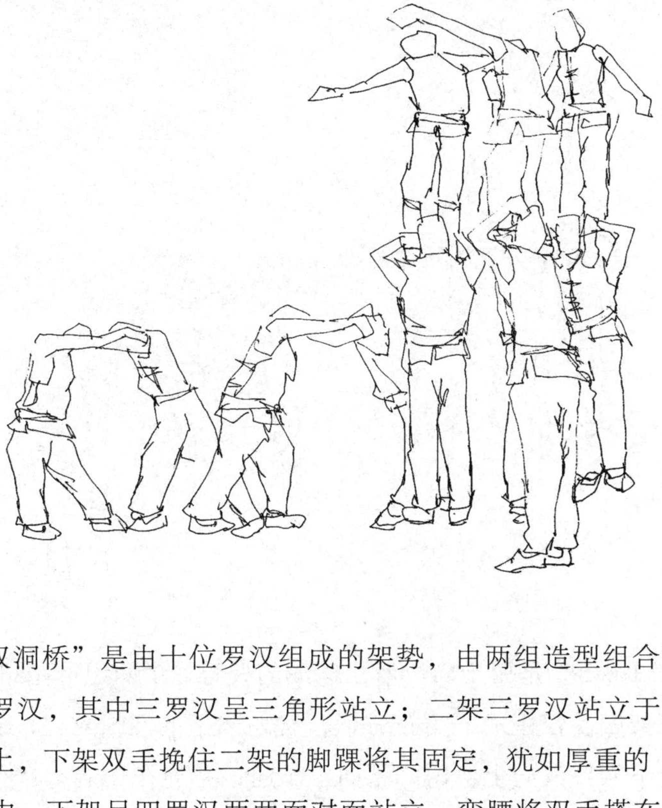

“双洞桥”是由十位罗汉组成的架势，由两组造型组合而成。下架有七罗汉，其中三罗汉呈三角形站立；二架三罗汉站立于下架三罗汉的肩上，下架双手挽住二架的脚踝将其固定，犹如厚重的“桥墩”，立于水中。下架另四罗汉两两面对面站立，弯腰将双手搭在对方的肩膀上，犹如两个桥洞，与桥墩无缝衔接。

第二十八式：三洞桥亭

（六位下架 / 四位下架　四位二架）

“三洞桥亭”是由十四位罗汉组成的架势，由两组造型组合而成。一组为下架四罗汉围成一个正方形，犹如亭子的四根立柱；二架四罗汉站立于下架罗汉肩上，内侧手向上举起，并连在一起，犹如亭子的宝顶，外侧手则向后伸展，犹如亭子的四个角梁。另一组为六罗汉，两两面对面站立，弯腰将双手搭在对方的肩膀上，呈三组连在一起的拱门。整体造型的寓意为通达和幸福。

第二十九式：秤衡
（一位下架　一位二架　一位金顶）

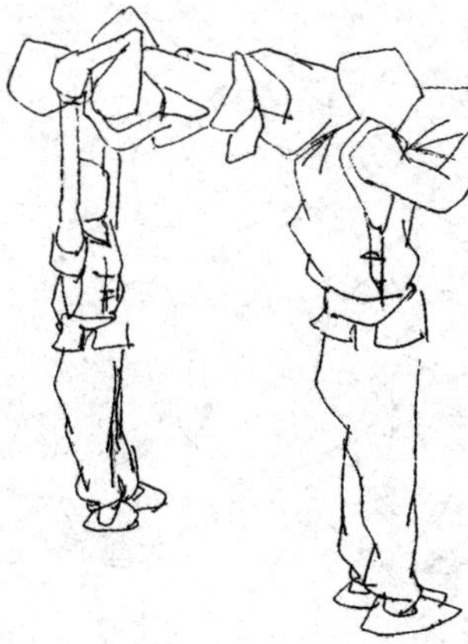

“秤衡”是由三位罗汉组成的架势。下架一罗汉，垂直站立；二架一罗汉平躺在下架罗汉的肩膀上，身体绷直，双手抱至头后，犹如一个“秤杆”；下架罗汉紧抱其双腿，保持平衡；一金顶小罗汉紧握二架双手，悬于空中，犹如一个秤砣吊在秤杆之上。造型定型后，下架旋转，“秤砣”飞舞不停，惊险又刺激。俗话说“秤不离砣”，这组造型包含事事称心如意的美好寓意。

第三十式：三脚蟾
（三位下架　两位二架　一位金顶）

“三脚蟾”是由六位罗汉组成的架势。下架三罗汉呈三角形排列，并且连在一起，双手、双膝着地，趴于地面，头向前，腿向后，头微抬，二架两个罗汉以同样的造型趴在下架三罗汉的背上；一金顶小罗汉也以同样的造型趴在二架两罗汉背上，并吐出舌头。每一个罗汉都似趴在地上的金蟾，六只金蟾叠在一起，犹如一只大金蟾。金蟾是招财进宝、前程似锦的象征，表达了对幸福美好生活的向往。

第三十一式：三宝印

（三位下架　三位二架　三位金顶）

“三宝印”[①]是由九位罗汉组成的架势，由三组相同造型组合而成。下架三罗汉呈三角形排列，双手、双膝着地，趴于地面，头向前，腿向后；二架悬空趴在下架身上；金顶站立于二架背上，身体直立，双手合十，向上举起。整个造型犹如三个宝印，有着心心相印、一步一个脚印的美好寓意。

① 三宝印：指寺院中刻有“佛法僧宝”四个字的大印。“三宝印”的印文有篆书的，有隶书的，也有梵文的；形状有方形的，有菱形的，也有圆形的，但方形的最为常见。

第三十二式：香炉花瓶
（两位下架　两位二架 / 三位下架）

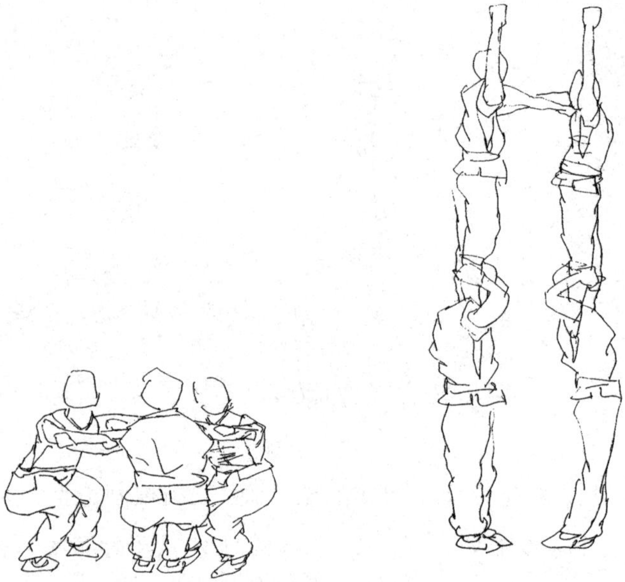

“香炉花瓶”是由七位罗汉组成的架势，由两组造型组合而成。一组为下架三罗汉，面对面围成一个圈，半蹲，臀部向外翘起，双手互挽，头向内，围成一个圆，造型犹如三蹄足的香炉。另一组下架两罗汉，面对面站立；二架两罗汉站立于下架二罗汉的肩上，内侧的手相互挽住，以保持稳定，外侧的手向上举起，犹如一个口略大、脖颈细、弧线柔的花瓶。整个造型表达了平平安安、事事圆满的寓意。

第三十三式：铜锣架
（四位下架　三位二架　一位金顶）

“铜锣架”是由八位罗汉组成的架势。下架四罗汉两两背对背站立；二架两罗汉平躺于下架罗汉肩上，另一个二架罗汉双腿倒挂在平躺的二架罗汉身上，头向下，双手抱在一起，呈铜锣状；一金顶罗汉手持铜锣棒，立在旁边敲击。

第三十四式：蜂窠
（六位下架　六位二架　三位金顶）

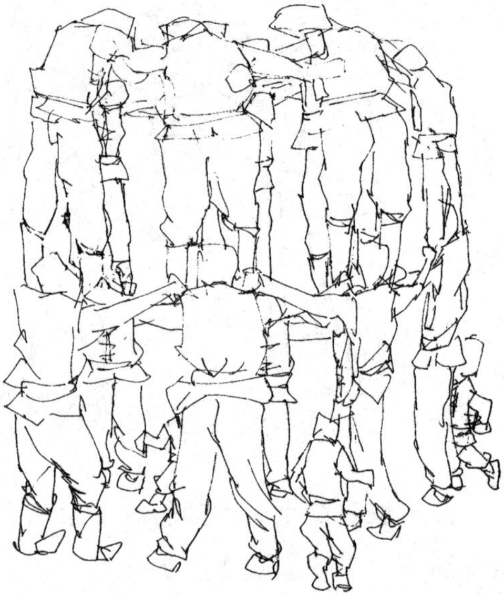

“蜂窠”是由十五位罗汉组成的架势。下架六罗汉手挽手、肩并肩围成一个圆形；二架六罗汉站在下架六罗汉的肩上，身体向内倾斜，手挽手，肩并肩，犹如一个圆形的蜂巢。下架转圈移动，三个金顶小罗汉在“蜂窠”的空隙间奔跑、跳跃，像成群的蜜蜂忙碌不已。蜂窠象征劳动人民勤劳、团结的美好品质。

第三十五式：锅架
（四位下架 两位二架 一位金顶）

“锅架”是由七位罗汉组成的架势。下架四罗汉两两背对背站立；二架两罗汉平躺于下架罗汉肩上，运气于胸；一金顶小罗汉跪于二架罗汉的身上，双臂向外伸展，双手下钩。“锅架”是古代厨房用具，有着祈求丰收和福瑞的寓意。

第三十六式：宝塔莲
（五位下架　五位二架　一位金顶）

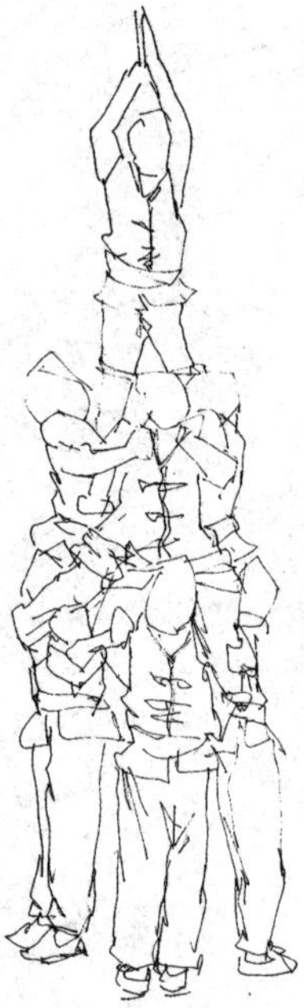

“宝塔莲”是由十一位罗汉组成的架势。下架五罗汉背对背站立，相邻罗汉的手相互挽在一起，围成一个“塔柱”；二架五罗汉背对背骑坐在下架罗汉的肩上，腿从下架肩膀和手臂之间的空隙穿过，上半身外倾，犹如一个半开的“莲花座”；一金顶小罗汉站立于二架罗汉的肩上，双手合十，高高举起，犹如一个“宝塔”立在莲花宝座上。

第三十七式：滚灯
（五位下架　五位二架 / 六位二架）

“滚灯”[①] 是由十六位罗汉组成的架势，由两组造型组合而成。一组下架五罗汉，其中四罗汉面对面站立，围成圆形，另一下架罗汉站在中间；二架五罗汉，其中四罗汉分别站在四下架相邻罗汉的肩膀上，与下架连为一体，犹如一个圆筒形的“灯柱”；另一个二架罗汉站立于下架中间罗汉的肩上，双手合十举起，犹如一个长长的“灯芯”。另一组下架六罗汉手拉手围成一个大圆圈，将第一组造型围住。随后两组造型呈相反的方向进行旋转，动感十足。

①滚灯：是一种民间竞技舞蹈表演形式，主要用于春节拜年、庆典庙会等活动，是江浙沪地区民俗文化的典型代表。

第三十八式：走马灯

（五位下架　五位二架 / 六位下架）

“走马灯” 是由十六位罗汉组成的架势，造型呈“滚灯”状，而移动方式不同于“滚灯”。“滚灯”是原地旋转，而“走马灯”需要绕台旋转并移动，难度更大，对罗汉的要求更高。“走马灯”是一种供玩赏的灯，是中国传统的手工艺品，有着喜庆团圆的寓意。

第三十九式：旗杆

（一位下架　一位二架　一位金顶）

“旗杆”是由三位罗汉组成的架势。下架一罗汉垂直站立；二架一罗汉骑坐于下架罗汉肩上；一金顶小罗汉站立于二架罗汉肩上，双手合十，双臂向上举起，犹如悬挂旗帜的杆子。此造型看似简单，实则难度极高，尤其是金顶小罗汉，需要较强的协调性、平衡性、柔韧性，还需要过人的胆识。旗杆支撑起飘扬的红旗，象征着中国人民不屈的脊梁。

第四十式：金鞭脱靴
（一位下架　两位二架　一位金顶）

“金鞭脱靴”是由四位罗汉组成的架势。下架一罗汉平躺于地面，双腿离地，脚底向上；二架两罗汉将金顶小罗汉抬起，放置于下架罗汉双脚上，待金顶小罗汉平衡后离开；金顶小罗汉双脚立于下架罗汉脚上，双手打开。伴随着阵阵鼓声，下架罗汉的双腿来回蹬。金顶小罗汉在下架的摆动中，猛地向空中一跃，一个前滚翻平稳落地。整套动作一气呵成，让人惊叹不已。

第四十一式：磬
（五位下架）

“磬”① 是由五位罗汉组成的架势。下架五罗汉，中间三罗汉两脚开立，双腿弯曲，上体前屈，双手握拳，摆出“磬”的造型；另两罗汉手持磬锤，举止从容，引锤一敲，戛玉鸣金，有一股凛然之气。

① 磬：是一种打击乐器，用石或玉制成，形状似曲尺。单个使用的叫特磬，成组使用的叫编磬。

第四十二式：日照
（四位下架　两位二架　两位金顶）

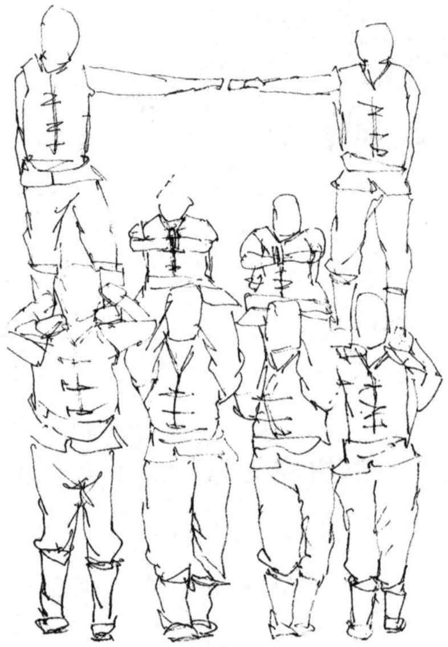

“日照”是由八位罗汉组成的架势。下架四罗汉并排站立；二架两罗汉站立于下架两侧罗汉的肩上，相邻手臂平举，并连接在一起；下架罗汉双手挽住其脚踝，使其保持平衡；金顶两小罗汉坐于下架居中两罗汉的肩上，身体笔直，双拳相向。从远处望去，整个造型犹如一面长镜，八位罗汉犹如镜子上面的浮雕，生动有趣。

第四十三式：大春笋
（五位下架　五位二架　一位金顶）

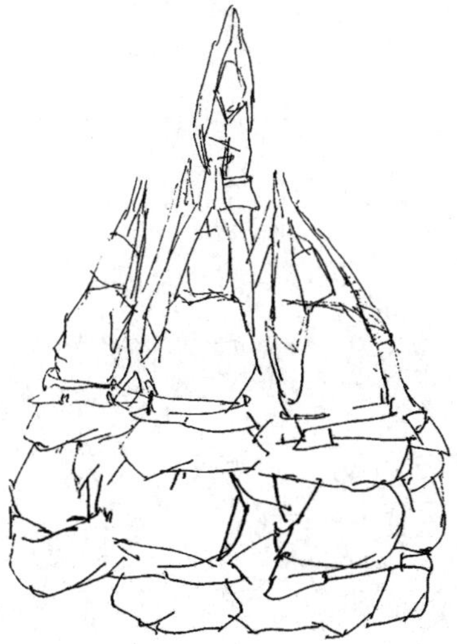

“大春笋”是由十一位罗汉组成的架势。下架五罗汉，围成一个圈，盘腿坐于地面，上半身向内倾斜，手臂搭在相邻罗汉的肩膀上，犹如一个底座；二架五罗汉骑坐于下架五罗汉肩上，身体向内倾斜，腿向内交错在一起，双手合十，向内倾斜着举起；一金顶小罗汉站立于二架罗汉的腿上，双手合十向上，直指云天。整个造型犹如春笋破土而出，包含着身体健壮、生命力顽强的美好寓意。

第四十四式：三柱牌坊

（三位下架　五位二架　一位金顶）

“三柱牌坊”是由九位罗汉组成的架势。下架三罗汉并排垂直站立；二架三罗汉骑坐在下架三罗汉肩上；一金顶小罗汉坐于二架中间罗汉的肩上，双手合十；二架两吊边罗汉一手握住邻近二架罗汉内侧脚踝，膝盖抵住下架罗汉大腿外侧，另一侧手和腿向外伸出。所有罗汉必须默契配合，整座牌坊才能不倾斜坍塌。

第四十五式：太师椅
（三位下架　五位二架　一位金顶 / 一位下架　一位金顶）

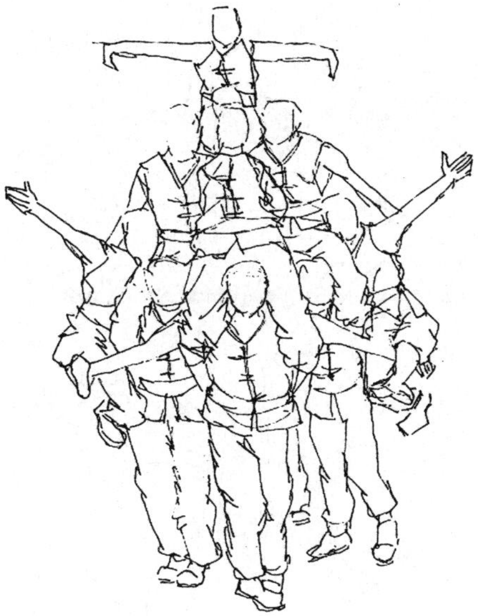

“太师椅”是由十一位罗汉组成的架势，由两组造型组合而成。一组为下架三罗汉呈△形垂直站立。二架两吊边罗汉，内侧膝盖抵住下架罗汉大腿外侧，外侧腿向前伸出，一手握住邻近二架罗汉脚踝，另一手向外伸出的同时，二架邻近两罗汉将其手臂用力托起，使其保持平衡。一金顶小罗汉骑坐于二架中间罗汉的肩膀上，双臂平举，双手向下钩，形成一个靠背的形状。另一组位于上一组造型正前方，下架一罗汉垂直站立，二架罗汉骑坐在下架罗汉肩膀上，身体向后倾斜。这样靠背就与座椅连成了一片。

第四十六式：饮酒侍宴
（六位下架　三位二架）

“饮酒侍宴”是由九位罗汉组成的架势。下架六罗汉围成圈垂直站立；二架三罗汉骑坐在下架罗汉肩上，手持酒杯、酒壶，做出饮酒、划拳等动作，其乐融融，仿佛一场欢快热闹的饮宴，有着欢乐、喜庆、团圆等寓意。

第四十七式：大四柱牌坊
（四位下架　六位二架　两位三架　一位金顶）

“大四柱牌坊”是由十三位罗汉组成的架势。下架四罗汉并排垂直站立；二架四罗汉骑坐在下架四罗汉肩上；三架两罗汉，骑坐在二架中间两罗汉肩上；一金顶小罗汉坐于三架两罗汉的内侧肩上，双手合十，举过头顶；二架两吊边罗汉，一手握住邻近二架罗汉的脚踝，膝盖抵住下架罗汉的大腿外侧，另一手向外伸出的同时，二架外侧罗汉将其手臂用力托起，使其保持平衡。该造型雄伟壮观，高耸入云。

第四十八式：睡佛

（一位下架　一位金顶）

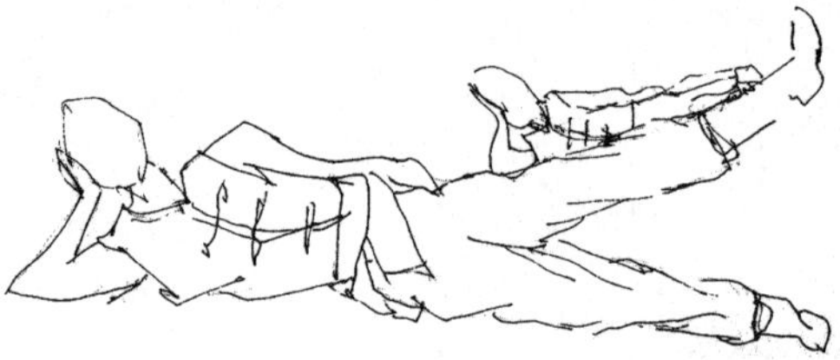

“睡佛”是由两位罗汉组成的架势。下架一罗汉侧卧于地上，用手托住头部，一腿撑于地面，另一条腿伸直后向上举起，脚尖朝上；一小罗汉以相同造型侧卧于下架罗汉的腿上。两卧佛融为一体，宁静祥和，堪称一绝。此造型对下架的身体素能要求极高，下架要在保持自身平衡的基础上，用腿将金顶托起。金顶也要具备较好的平衡性，才能安稳地卧于下架的腿上。

第四十九式：钵盂

（四位下架）

“钵盂”是由四位罗汉组成的架势。下架四罗汉围成一个圆圈，两脚开立，相互之间搂着肩膀，头向中间倾斜，形成一个形稍扁、口略小、底略大的钵盂造型。钵盂是古代僧人使用的饭碗，一般为铜、铁等材质制作，可在诵经时敲击。该造型有着团结一心、众志成城的寓意。

第五十式：锡杖
（一位下架　一位二架　两位金顶）

“锡杖”是由四位罗汉组成的架势。下架一罗汉垂直站立，双手向后紧抓二架罗汉的脚踝；二架一罗汉站立于下架肩上，双手合十，向上举起，犹如杖头；两金顶小罗汉分别坐于下架罗汉外侧肩上，内侧手握住二架罗汉小腿，外侧手臂呈弧形向上举起。锡杖是佛教文化中常见的一种法器，也是智慧和力量的象征。

第五十一式：树荷花
（四位下架　四位二架　一位金顶）

“树荷花”是由九位罗汉组成的架势。下架四罗汉面对面围成圈垂直站立；二架四罗汉骑坐在下架四罗汉肩上，手挽着手，并将腿交叠在一起；金顶小罗汉双腿盘坐于二架的腿上，双手合十，犹如花蕊。待造型完成后，开始逆时针旋转。旋转时，二架四罗汉向后仰，手臂自然向后伸展，金顶小罗汉缓缓向上升起，犹如一朵缓缓盛开的大荷花。荷花出淤泥而不染，有圣洁、高洁的寓意。

第五十二式：地荷花
（四位下架　四位二架　一位金顶）

“地荷花”是由九位罗汉组成的架势，在“树荷花”的基础上变化而成。二架四罗汉保持队形落地，双脚、臀部着地，双手紧紧拉住下架罗汉的手，上身仍保持外仰状态，如花瓣；金顶小罗汉立于花瓣中心，为花蕊。造型完成后，左右各转三圈。“树荷花”便变为“地荷花”。转换动作要一气呵成，尤其是二架罗汉后仰角度必须高度一致，稍有差池就不能完美地完成造型。

第五十三式：莲花座
（五位下架　五位二架　一位金顶）

“莲花座”是由十一位罗汉组成的架势。下架五罗汉面对面围成一个圈垂直站立；二架五罗汉骑坐在下架罗汉肩上，手挽着手，腿向内交错在一起；金顶小罗汉盘坐于二架罗汉的腿上，双手合十，举过头顶。随后，二架五罗汉身体后仰，腿向上微微抬起，犹如一朵盛开的莲花。莲花有着清廉、纯洁、忠贞的寓意。

第五十四式：石猴出洞
（五位下架　三位二架　三位金顶）

“石猴出洞”是由十一位罗汉组成的架势。下架五罗汉中的四罗汉两两平行站立，并将内侧脚抵在一起；另一下架罗汉双手撑于地面，将腿抬起，下架前两罗汉紧握其脚踝；二架一罗汉，站立于前两下架罗汉的肩上，双手合十，向上举起，犹如一个“石洞”，下架后两罗汉紧握其脚踝，保持平衡；另二架两罗汉站立于前两下架罗汉的侧前方，将内侧脚抵住下架的外侧脚，外侧手脚向前方自然伸展；三金顶罗汉犹如顽皮的小猴子，破石而出，在“石洞”中翻滚通过，其动作灵巧、敏捷。

第五十五式：笔架
（四位下架　四位二架 / 二金顶）

“笔架” 是由十位罗汉组成的架势，由两组造型组合而成。一组为下架四罗汉，两两面对面垂直站立；二架四罗汉面对面骑坐在下架四罗汉的肩上，双腿交叉；外侧两罗汉双手上举，内侧两罗汉背靠背，并互相挽住手臂。整体形如笔架。另一组为两金顶罗汉并排垂直站立，双腿并拢，双手合十，上举至头顶，犹如两杆笔直的毛笔。

第五十六式：大六柱牌坊

（六位下架　八位二架　两位三架　三位金顶）

“大六柱牌坊” 是由十九位罗汉组成的架势。下架六罗汉并排垂直站立；二架六罗汉骑坐在下架六罗汉肩上；三架两罗汉骑坐在二架中间两罗汉肩上；一金顶小罗汉骑坐于三架中间两罗汉的内侧肩上，双手合十，举过头顶；另两金顶小罗汉骑坐于二架两侧罗汉的内侧肩上，双手上举；另两二架吊边罗汉一手握住邻近二架罗汉内侧脚踝，膝盖抵住下架罗汉大腿外侧，另一侧手臂向外伸出，二架外侧罗汉将其手臂用力托起，使其保持平衡。此造型是演出的压轴大戏，每次都博得阵阵喝彩。

第五十七式：龙驹马

（两位下架　一位二架　两位金顶 / 一位下架）

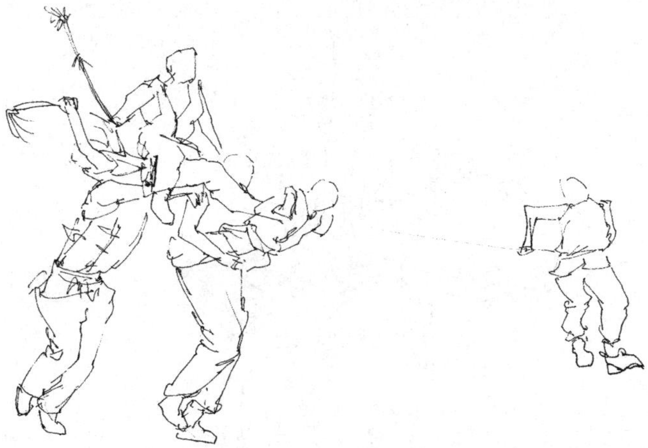

“龙驹马”是由六位罗汉组成的架势，由两组造型组合而成。一组为两下架前后站立；二架一罗汉骑坐于靠前下架罗汉肩上，向后平躺于另一下架罗汉肩上，双手合十，向后摆动，犹如马尾；一金顶罗汉骑坐于二架罗汉身上，单手持鞭；另一金顶罗汉双腿向后盘于下架前排罗汉腰间，身体前倾，双手握住二架罗汉的脚踝，犹如龙头。另一组为下架一罗汉手持缰绳，引导着“龙驹马”在舞台上飞驰，可谓逐日追风，活灵活现。

第五十八式：凉亭
（五位下架　五位二架）

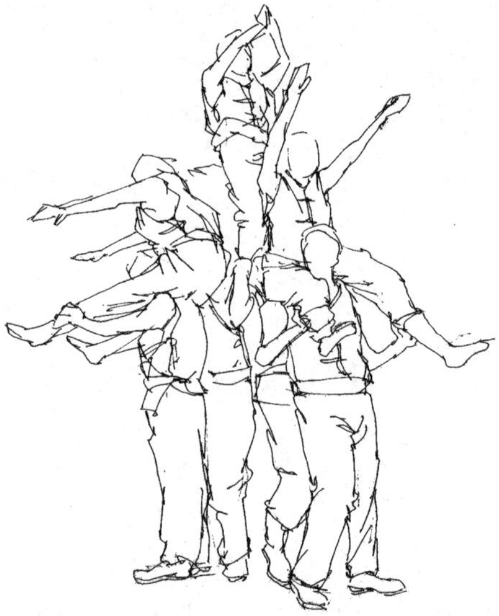

“凉亭”是由十位罗汉组成的架势。下架四罗汉背靠背垂直站立，将二架四罗汉扛于肩上，并用手挽住二架罗汉的脚踝；二架四罗汉身体向外倾斜，手脚同时向外伸展，犹如亭子的四个角梁；另一下架罗汉站立于下架四罗汉的中间，二架另一罗汉垂直站立于其肩上，双手合十，略上举，犹如一个攒尖宝顶式的凉亭，可供路人避雨、休息。

第五十九式：水阁
（五位下架　五位二架）

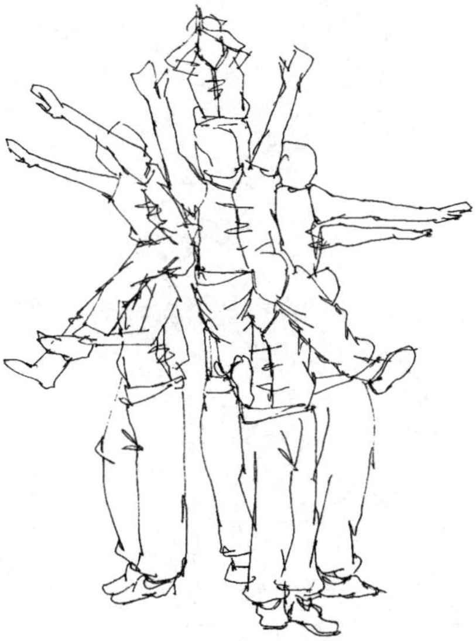

“水阁”是由十位罗汉组成的架势。下架五罗汉背靠背垂直站立，将二架五罗汉扛于肩上；二架五罗汉身体向外倾斜，手脚同时向外伸展，犹如楼阁的五个角梁。水阁含有祈望风调雨顺、安居乐业的寓意。

第六十式：蜻蜓点水
（一位下架　一位二架　一位金顶）

“蜻蜓点水”是由三位罗汉组成的架势。下架一罗汉垂直站立；二架一罗汉双腿盘于下架罗汉的腰间，双手平举，身体向下倾斜；金顶罗汉骑坐于下架罗汉肩上，双手平举，犹如蜻蜓的翅膀。造型完成后，下架绕圈旋转。整个造型犹如两只灵巧的蜻蜓在池塘边戏水、玩耍。

第六十一式：二龟听法

（四位下架　两位二架　两位金顶）

“二龟听法” 是由八位罗汉组成的架势。下架四罗汉，两两一组双手、双膝着地，趴于地面，头向前，腿向后；二架两罗汉，以同样的造型趴在下架两罗汉的身上，头微微抬起；两金顶小罗汉站立于两二架罗汉身上，双手合十，向上举起，犹如两只乌龟在听老和尚说法。龟在传统文化中被视为祥瑞之物，此造型表达了对健康长寿的美好期盼。

第六十二式：解元古寺

（五位下架　七位二架　三位三架　一位金顶）

“解元古寺”是由十六位罗汉组成的架势。下架五罗汉并排垂直站立；二架五罗汉骑坐在下架五罗汉肩上；三架三罗汉骑坐于二架中间三罗汉肩上，外侧两罗汉将外侧手向外自然伸展；一金顶小罗汉骑坐于三架中间罗汉的肩上，双手合十，举过头顶；二架两吊边罗汉一手握住二架外侧罗汉脚踝，膝盖抵住下架外侧罗汉大腿外侧，另一侧手臂向外伸出，二架邻近罗汉将其手臂用力托起，使其保持平衡。该造型规模宏阔，气势磅礴，表达了对解元古寺的追忆之情。

第六十三式：五凤楼

（六位下架　八位二架　两位三架　三位金顶）

“五凤楼”是由十九位罗汉组成的架势。下架六罗汉并排垂直站立；二架六罗汉骑坐于下架六罗汉肩上，二架两吊边罗汉一手握住二架外侧罗汉脚踝，膝盖抵住下架外侧罗汉大腿外侧，另一侧手臂向外伸出的同时，二架邻近罗汉将其手臂用力托起，使其保持平衡；三架两罗汉分别骑坐于二架中间两罗汉的肩上，外侧手臂向侧上方伸展；金顶两罗汉骑坐于外侧二架两罗汉的肩上，双手合十，举过头顶；另一金顶罗汉坐于三架两罗汉的肩上，双手合十，举过头顶。造型左右呼应，气势非凡。

第六十四式：猴儿望月
（五位下架　四位二架　一位金顶）

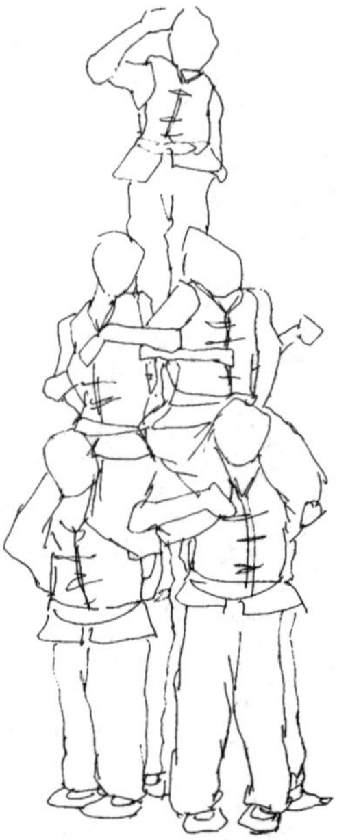

“猴儿望月”是由十位罗汉组成的架势。下架四罗汉背对背垂直站立；二架四罗汉背对背骑坐在下架四罗汉的肩上，相互挽着邻近罗汉的手臂，双腿从下架相互挽着的手臂空隙中穿过，连成一个整体，远远望去，犹如一个平顶的山峰；另一下架罗汉站立于山峰后；一金顶小罗汉犹如顽皮的猴子，机灵敏捷，“噌噌噌”爬到其肩上，摆出“猴儿望月”的造型。

第六十五式：观音岩

（五位下架　五位二架　一位金顶）

“观音岩”是由十一位罗汉组成的架势。下架五罗汉面对面围成一个圈垂直站立；二架靠前两罗汉相向坐于下架前面两罗汉肩上，双腿交叉、双手重叠，摆出一个座椅的造型；一金顶小罗汉坐于其中，双手合十，犹如“观音打坐”；下架中间两罗汉将二架中间两罗汉扛于单肩上，并用手挽住其大腿；二架两罗汉一只手撑于下架肩上，另一边手臂、腿自然伸展开，犹如“光环”；二架最后一罗汉站于下架最后一罗汉的肩膀上，双手平举，手心向下。整体造型雍容大气。

第六十六式：佛法无边
（六位下架　八位二架　两位三架　三位金顶）

“佛法无边”是由十九位罗汉组成的架势。下架六罗汉并排垂直站立；二架六罗汉骑坐在下架六罗汉肩上；三架二罗汉，骑坐于二架中间两罗汉肩上，将外侧手向外侧自然伸展；金顶两小罗汉分别骑坐于二架外侧两罗汉的肩上，双脚立于下架罗汉的头顶，双手合十；另一小罗汉骑坐于三架两罗汉的肩上，双手合十；二架两吊边罗汉一手握住二架外侧罗汉脚踝，膝盖抵住下架外侧罗汉大腿外侧，另一手向外伸出，二架外侧罗汉将其手臂用力托起，使其保持平衡。整个造型气势雄伟。

从明代到清代再到当代，叶村叠罗汉的架势也在不断地变化。对于团队来说，创作还在继续，将在尊重前辈经验的基础上，用心创作出更多让大家喜闻乐见的艺术作品。“八柱牌坊”即将横空出世，这是根据全国现存的唯一一座八脚牌楼“许国牌坊”创作的。这一架势人数更多，难度更大，技术要求更高。整个造型，先完成两组四柱牌坊，再在两边固定连接，气势恢宏，举世无双。

第五章

叶村叠罗汉技艺的艺术特征、审美品格与当代价值

徽派建筑是中国传统建筑体系中的重要流派之一，历来为国内外建筑大师所推崇，其主要特点是青砖、黛瓦、马头墙。徽派建筑主要分布在安徽省黄山市、宣城市(绩溪县)，江西省上饶市(婺源县)等地。在总体布局上，徽派建筑依山傍水，构思精巧，雕镂精湛，自然得体。牌坊作为徽派建筑中的三绝之一，在古代有着极其重要的作用，多为表彰功勋、科第、德政以及忠孝节义等，每一座牌坊都蕴含着丰富的精神内涵。叶村叠罗汉以骑、坐、站立等方式进行造型塑造，并变换不同的架势，以动态的方式展现出独特的艺术品质。

一、艺术特征

叶村叠罗汉技艺具有惊险性、团队性、综合性及群众性等艺术特征。

（一）惊险性

叠罗汉表演可谓惊险刺激。叠罗汉时，一旦最底层的根基不牢，或者在堆叠的过程中出现失误，整个造型就很有可能“坍塌”。要想将整场表演有序衔接起来，每个表演者都要具备扎实的理论功底和实践技能。

叶村叠罗汉是由两三个到二十多个人数不等的罗汉，通过骑、坐、站立等各种方式呈现出造型各异、独具匠心的架势，待架势完成后，还需要在台上进行动态展示，挑战性极强。叶村叠罗汉最高可叠至四到五层，最上层的罗汉一般由十岁以下的儿童扮演。小罗汉要面带笑容，或站立，或盘坐，并附有肢体动作，极具观赏性。表演中配有锣、鼓等打击乐器，“奏”与“演”完美融合，给人以美的享受。如“旗杆”这组造型，需要三个罗汉通过站、骑等动作，摆出一个旗杆的造型。其难度系数非常大，表演者不仅需要准确地掌握动作要领，还需要一定的胆量和气魄。尤其是最上面的小罗汉，他离地面有三米多高，双手还需合掌祝福，极具挑战性。“猴儿望月”“仙人桥”“大鹏鸟”“五凤楼”“三洞桥亭”等架势也都惊险刺激，夺人眼球，吸引了诸多爱好者前来观赏。

（二）团队性

叶村叠罗汉技艺是一个团体项目，每一个成员必须配合默契，才能获得良好的演出效果。

每一次演出前，叠罗汉团队成员都会吃住在一起，一起交流，一起练习，加深彼此的了解，逐渐形成默契的关系。俗话说：“人心齐，泰山移。”如“滚灯”这组造型，在动作完成后，两组造型需要呈相反方向在原地进行旋转，对位置、步伐、节奏等都有很高的要求，如果表演者不能紧密配合，旋转过程中架势就会“坍塌”。“蜻蜓点水”“金鞭脱靴”“解元古寺”“饮酒侍宴”“大六柱牌坊”等架势，无论难易，都需要表演者通力合作，默契配合，才能把这一件件作品完美地呈现出来。

每逢农历闰年的元宵节，叶村都会举办一次盛大的叠罗汉表演，身处异地他乡的叶村人，都会千里迢迢赶回来，参与到这场集体盛宴中。长此以往，叶村人在群体活动中养成了风雨同舟、精诚团结的美好品质。

（三）综合性

叠罗汉是融舞蹈、杂技、音乐、戏剧等多种艺术于一体的表演形式。

表演中，锣、鼓等乐器的伴奏，增强了动作的力度，渲染了人物的感情，凸显了叠罗汉的表现力，使整个表演更加形象生动。在服饰色彩的搭配上，红色代表着激奋，黄色代表着欢快，绿色代表着健康，这些服饰色彩的完美组合，可给人以强烈的视觉冲击，吸引观众的注意力。在脸谱的描绘中，主要采用揉、勾、抹等方式，其造型的选择基于日常生活，并采用了夸张的表现手法，凸显人物的内在神韵。在脸谱色彩搭配中，主要运用了红、黑、粉、绿等颜色，红色代表英勇，黑色代表正直，粉色代表忠贞，绿色代表稳重。多彩的脸谱，让罗汉角色的性格更加直观传神。在游村中，罗汉扮演者们手提道具游遍全村的每一个角落，挨家挨户祈福，整个场面热闹而有序。在造型呈现中，通过骑、立等方式实现堆叠，并通过肢体语言、神态转变将思想和情感有效表达出来，激发观众的共鸣。

（四）群众性

叠罗汉作为一种独特的艺术形式，是人们在长期的生活、生产实践中共同创造的，每个叶村人都广泛地参与其中，具有显而易见的群众性特征。

不管大年小年，只要有叠罗汉演出，叶村上下都会忙起来，尽享叠罗汉带来的乐趣。唐代诗人王维曾感叹“独在异乡为异客，每逢佳节倍思亲”，身在他乡的叶村人，每逢叠罗汉演出，都会赶回叶村。男人们忙着准备游村道具，忙着彩排；女人们负责村里的卫生，准备饭菜；小孩子们有的负责放鞭炮，有的跟随大人们一起游村。整个叶村都沉浸在节日的喜庆之中。鞭炮声、锣鼓声响彻大地，叶村人用他们独特的方式，迎接来自五湖四海的友人。演出时，古戏台下都会挤满村民和游人，热闹非凡，还有众多摄影爱好者参与其中，忙着找角度拍摄出最佳照片。叠罗汉演出人员都会为有幸参与表演而自豪。

久而久之，叶村用独特的方式将叠罗汉技艺“活态”传承了下来，并在长期的发展中凝聚共识，形成合力。

二、审美品格

叶村叠罗汉技艺是美的力量、美的造型、美的精神的体现。

（一）美的力量

叠罗汉表演既有优雅之美，又有雄壮之美，表演中强调刚柔并济，将力量与柔美融为一体。

每次演出前，组织者都会精心挑选健康、强壮的青年男性担任表演者。男性在风度、气概、体魄等方面能表现出阳刚之气与力量之美。这不仅代表身体健康，而且是生命活力的一种体现。在进行叠罗汉表演时，表演者需要强大的力量作为支撑，待动作完成后，还需要在舞台上移动、旋转，这就要求表演者拥有很好的爆发力和平衡力，手、眼、身能高度统一，并在架势呈现中带有相应的情感表达。可以说，整个叠罗汉表演是层层递进、起伏跌宕、动静合一的。小罗汉则如猿猴般敏捷，顺着人梯，眨眼间，“噌噌噌”就爬到顶上，再摆出各种造型。此外，表演中还需配以各类乐器的伴奏、服装的衬托、脸谱的呈现，有时还手持相关道具，给观众带来一场力量之美的视觉盛宴。

（二）美的造型

叠罗汉表演中，既有静态造型，又有动态造型，还有动静结合的造型，造型变化多端，妙趣横生。罗汉们踏着灵敏的步伐，穿插、跳跃、聚拢、堆叠，展现出别具一格的艺术美。

如“秤衡”是由一罗汉垂直站立，另一罗汉平躺在其肩上，犹如一个“秤杆”，一小罗汉紧握“秤杆”手臂，悬于空中，犹如一个“秤砣”。待造型完成后，小罗汉不停旋转，犹如“秤砣”不停飞舞，惊险又刺激。在表演“双牛虻”的架势时，下架罗汉可以在肩负两个罗汉的情况下，单腿旋转十几圈，真可谓孔武有力。以磅礴气势征服观众的“大六柱牌坊”，是每次演出的压轴大戏，要把十九个罗汉连成一个整体，变化之快、构筑之巧，令人叹为观止；吊边罗汉还需要准确把握时机，同时飞跃，才能使得整座牌坊不至于倾斜坍塌。此外，“普陀岩”“莲花座”“树荷花”“水阁”“饮酒侍宴”等架势，皆有非常迅速的变化，巧妙地将人体的巨大潜能激发出来，使观众在架势变化中感受叠罗汉的造型美。

（三）美的精神

“台上一分钟，台下十年功。”罗汉们如果不能吃苦耐劳、勤奋苦练，就练不出一身硬功夫。如果不创新，每次演出都是一样的内容，叠罗汉技艺就会失去活力和生命力。练习叠罗汉技艺不仅非常辛苦，而且枯燥无味，一个架势的完美呈现需要不断摸索，不练上个成百上千遍，很难获得理想的效果。这种精益求精的美好品质，正是非遗传承的价值所在。叠罗汉技艺本身就是一种美好精神品质的延续，体现了叶村人坚持不懈的勤劳刻苦精神与不断探索的创新突破精神。

另外，叠罗汉是民间自发组织的活动，没有薪酬，如果守不住清贫，耐不住寂寞，没有奉献精神，也是坚持不下来的。

再者，非遗需要传承，精神需要传递，一代代叶村人用他们特有的方式，与自然、社会和谐相处，展现出昂扬向上、团结协作的精神之美。

三、当代价值

叶村叠罗汉技艺具有历史研究、文化传承、艺术审美、社会教化、体育健身、旅游开发、个人发展等价值。

（一）“叶村叠罗汉”具有历史研究价值

叠罗汉起源于明代，形成了其独特的地域性和民间性特征。叠罗汉演出形式奇特，在经历约六百年的发展传承后，仍然保持着原生态特点，真实反映了叶村人的生产生活状态。

叠罗汉表演的内容有一部分来源于古老的传说故事，叠罗汉用堆叠的形式把人们带回那个难忘的年代，可以帮助人们了解当时的历史背景，体会叶村人所处的历史环境，感受叶村人为了生存与发展抵御强盗、保卫家园的大无畏精神。

叶村保存较好的《罗汉簿》，一招一式清晰可见，弥补了正史典籍的不足，有助于后人真实、全面地了解叠罗汉的历史，具有很高的历史研究价值。

全国重点文物保护单位洪氏支祠敬本堂，省级文物保护单位洪氏宗祠叙伦堂，市级文物保护单位朱家宗祠、古戏台等，作为人类活动的历史遗存，曾为这项技艺的发展提供了丰厚的土壤。当代人身处其中，可以追溯历史渊源，体会历史文化底蕴。

（二）“叶村叠罗汉”具有文化传承价值

叶村叠罗汉的文化传承，如不能适应社会发展的需求，就容易出现传承链的中断。再者叠罗汉是由“群体”“家族”传承的，传承难度更高。当下，非遗传承人老龄化现象极其严重。据相关调查研究，前四批国家级非物质文化遗产代表性传承人的平均年龄约为 80 岁（2007 年 226 人，2008 年 551 人，2009 年 771 人，2012 年 498 人），有些项目再不抢救就会陷入传承断代的困境。

叶村叠罗汉技艺传承从未间断，有着完整的传承体系。其架势的呈现也反映出叶村人共同的思维习惯、心理结构、生活方式等，这也在另一个方面规范着叶村人的价值取向，是维护团结、增进共识的有效方式。每逢大年的元宵节，叶村都会上演一次规模庞大的叠罗汉“文化大餐”，每一个家庭都会融入其中，不仅提高了叶村人的精神文化质量，而且进一步激发了对优秀传统文化的自豪感和认同感。

当下，我国迎来了从站起来、富起来到强起来的伟大飞跃，站在新的历史起点上，我们更应该坚定文化自信，弘扬徽州文化。

（三）“叶村叠罗汉”具有艺术审美价值

罗汉的脸谱、服饰、造型等都体现出叠罗汉技艺具有较强的艺术审美价值。

罗汉的脸谱美。罗汉脸谱是在长期的发展实践中，不断观察、学习、体验，以及对所扮演的角色不断分析、研判，逐步演变、发展起来的。在叠罗汉的造型层次中，每一层罗汉脸谱的图案、颜色都是有区别的。罗汉脸谱综合运用红、蓝、白、黑、金、粉等颜色，以想象和夸张的手法，突出了罗汉们的形象美。

罗汉的服饰美。罗汉们的服饰在漫长的历史发展中不断演变，凸显了独特的地域文化特色。一开始罗汉们是赤膊上阵的，随着叠罗汉技艺的不断丰富、发展，罗汉们的服饰也在不断变化，并且进行了修饰，颜色以红色、黄色这样的暖色调为主。暖色调的服饰，容易让人产生快乐、兴奋的情感，能展现出罗汉们良好的精神风貌。

罗汉的造型美。罗汉们通过伏、卧、倒、立、拉、撑等不同造型，叠加组合成姿态各异的造型。动作惊险刺激，造型变幻莫测，将无声的动作和变化的造型融为一体，呈现出独特的造型美，给人无与伦比的视觉享受和艺术感染力。

（四）“叶村叠罗汉”具有社会教化价值

每个人适应集体、融入社会都需要一个过程。叠罗汉活动的开展不仅丰富了村民们的业余生活，而且增强了村民的凝聚力。

每一组造型的完美呈现，都需要罗汉们完美配合。罗汉们在合作的过程中，感受到集体力量之强大，大大强化了他们的集体意识，让他们感受到团队合作的重要性。

与此同时，叠罗汉活动也在潜移默化地影响着叶村的每一个人，乃至每一个观看叠罗汉表演的观众。在发展之初，叠罗汉不可避免地带有一定的封建迷信色彩，但是随着叶村人文化程度的日益提高，其观念也发生了巨大的转变，叶村叠罗汉的封建迷信成分随之消退，现已成为省级非物质文化遗产项目。现在的叶村，也正在努力打造“美丽乡村”，打造“文化特色乡村”，并充分利用叠罗汉带来的浓厚的文化氛围，建设凝聚地方文化特色的文明乡村。这对叶村的每一个人来说，都是值得自豪的。同时叠罗汉活动的开展，在一定程度上抑制了打架、酗酒、赌博等不良行为，增强了村民之间的情感，增进了对非遗文化的认同，强化了乡村的文化氛围，具有很好的教化功能。

（五）“叶村叠罗汉”具有体育健身价值

叶村的体育锻炼活动相对匮乏，练习叠罗汉确实是一项很好的体育锻炼。

叠罗汉排练、演出一般都在室外，可以使参与者更亲近大自然，感受大自然的独特魅力。

从事叠罗汉活动，有助于养成良好的生活习惯，增强体质，预防疾病。

从事叠罗汉活动，可使日常活动更加丰富多彩，有效地缓解生活中的压力。

在堆叠中，通过长年累月的训练、交流，增进了友谊，培养了感情，有助于心理健康。

在演出中，罗汉们迎难而上、勇往直前、顽强拼搏的体育精神，彰显出对叠罗汉事业的热爱和投入。

“不积跬步，无以至千里。”长此以往，叠罗汉表演者的身体素质得到了提高，体型得到了改善，心理上也获得了满满的幸福感。

（六）“叶村叠罗汉”具有旅游开发价值

独特的地理位置和深厚的文化底蕴，使叶村具有极大的旅游开发优势。近年来，叶村人正在努力将叠罗汉文化与旅游文化有机结合起来。叠罗汉表演与叶村的自然风光、名胜古迹、特色美食等一起构成了叶村颇具特色的旅游产品。叶村将非遗展示、文创制作等丰富的旅游环节嫁接在一起，让游客在欣赏非遗文化的同时，去了解非遗背后的故事，去领略当地的历史文化、风土人情和传统民俗。

叶村还将叠罗汉文化与饮食文化衔接起来，其中最为出名的要数“罗汉锅”。罗汉锅所使用的食材均为叶村所产之物：猪肉，来自叶村人放养在山间的土猪；豆腐，是用传统的盐卤法制作的土豆腐；肉圆，是用剁碎的五花肉和豆腐揉搓而成的；还要加上豆角、新鲜萝卜和当地的燕竹笋或苗竹笋等。所有食材调制好后，再一层一层地放入铁锅内。最底层一般为新鲜的蔬菜，称为“垫锅”；垫锅上放一块块土豆腐，再将肉圆沿铁锅围成一圈，加入一大碗红烧肉，注入汤汁；将铁锅架在炉火上烧沸，再小火慢炖，舀汤汁浇于其上，最后撒上蒜苗、辣椒等，鲜美异常的罗汉锅便做好了。这是叶村逢年过节一道必备的菜肴。

此外，叶村还有大方茶、辣椒酱、山核桃等独具地方特色的农副产品。游客在旅游的过程中，不仅可以饱览旖旎风光，而且能够享受非遗带来的魅力，可以很好地满足游客的心理需求，让旅游文化真正“活”起来、“火”起来。

（七）“叶村叠罗汉”具有个人发展价值

参与叠罗汉演出虽然不能带来很好的经济效益，但是因为特殊身份，罗汉在叶村备受尊重。尤其是单身的年轻罗汉，很受十里八乡姑娘们的青睐。在每一次演出中，罗汉既能感受个人成功展示带来的快乐，又能感受到团队合作完成指定动作的乐趣，这是在平常生活中没有办法体会到的。观众们全神贯注于舞台上的表演，时而为造型的惊险而屏息，时而为表演的精彩而鼓掌。观众们目不转睛，生怕错过每一个精彩的细节，叫好不断，掌声不断。不管是罗汉、观众，还是罗汉的家人，都从中获得了喜悦感和满足感。

如今，叠罗汉团队已经走出大山，除了参加省内一些表演外，还先后多次接受邀请赴全国各地进行展演，罗汉们有了更大的展示平台。这对于每一个罗汉来说，都是自身价值的完美体现。

总之，非物质文化遗产是物质与精神并重的文化标志，有鲜明的艺术特征，也承载着优秀传统文化的精髓与品格。非遗传承，对弘扬中华优秀传统文化、发挥非遗的当代价值，有着重要的推动作用。而如何确保非物质文化遗产能够代代相传，对每一个传承人来说，都是一项长期而艰巨的任务。

罗汉锅

第六章

洪声齐叠罗汉技艺的传承困境、路径选择与业态发展

非物质文化遗产是国家和民族的隐形财富，是历史文化成就的重要标志，保护好、传承好、利用好非物质文化遗产，能让子孙后代更好地了解自己的民族和先辈。作为一名非物质文化遗产传承人，我会尽到责任和义务继承和发扬老一辈的优良传统，给后代留下宝贵的文化财富。

一、让非遗火起来

黄山市自2006年正式启动对非物质文化遗产的保护工作，并于2008年成立了非物质文化遗产保护管理委员会。同年，我国第一个跨省的文化生态保护实验区——徽州文化生态保护实验区在黄山市正式揭牌。黄山市还制定了《黄山市非物质文化遗产代表性传承人认定与管理办法》等多项地方性法规，建立健全四级非物质文化遗产代表性项目名录和代表性传承人体系，开启对非物质文化遗产整体性的保护工作；安排专人收集、整理、建立非物质文化遗产传承人档案；用文字、图片、影像等方式对项目和传承人的基本情况、技艺特征、传承脉络进行详细记录，并建立专门档案予以保存。同时以政府的投入为主，在政策、资金、平台等方面，为非遗的传承与发展提供全方位的保障。

2008年初，县文化部门的干部来到我家，动员我去申报安徽省非物质文化遗产代表性项目。“非遗”这个词，当时的我还不是太了解，更何况准备材料申报非物质文化遗产项目。在很多次采访中，我都说过“我的文化程度不高”。看到申报书后，我整个人都蒙了，申报书上要填写的内容很多，还需要附上照片和视频。说实话，干叠罗汉这一行业的人，文化程度都不是很高，写项目书成了当时最棘手的问题。县里又急等着项目材料，怎么写、写什么，成了头等大事。于是我召集了在村的罗汉们，并进行了详细分工。经过一个多星期的努力，终于把项目书拼凑了出来。县里负责项目申报的同志看到申报书后，眉头一皱：“这样写是不行的，报到省里肯定不符合要求。”听到这番话，我瞪大了眼睛，这可怎么办？几经商量，我打听到歙县文化广电新闻出版局有一个黄局长，为人很热情，而且是民俗方面的专家，我就几经周折找到了黄局长，向他详细地介绍了叶村叠罗汉的基本情况，请他执笔修改项目书。黄局长很爽快，欣然答应了我的请求。解决了写材料的问题后，我又找到了村里的摄影师，并约好时间，组织在村的罗汉们，临时进行表演，为申报项目提供影像资料。我从这些影像资料中，选出了具有代表性的6张照片和2段视频，并按照要求提交给县里负责申报的同志。功夫不负有心人，2008年底，县里就传来了好消息：叶村叠罗汉入选省级非物质文化遗产名录。消息一出，全村振奋。我作为罗汉组的“领头雁”，在开心的同时，也有几分担忧。

按照规定，省级非物质文化遗产项目必须有代表性传承人。师傅洪允文在2011年1月被命名为省级非物质文化遗产项目“叶村叠罗汉”代表性传承人，我在2015年3月被命名为省级非物质文化遗产项目“叶村叠罗汉”代表性传承人。我们申报的出发点都是一样的，都是为了保护、传承该项技艺。

2019年3月，经过县里推荐，我赴苏州工艺美术职业技术学院参加了中国非物质文化遗产传承人管理研修班。在研修班，老师通过沙龙、授课、项目推介等方式，帮助非遗传承人快速成长。记得有一次课上，老师让我向同学们介绍叶村叠罗汉文化。可能是因为我文化水平有限，讲述后，同学们仍不甚了解。当时我可急坏了，立刻拉起了四位同学，进行现场实战讲解。同学们都很配合，我让一位同学骑坐在我的肩膀上，身体向后倾斜，双臂向上举起；我又将另一位同学从背后抱起，将他的双腿向后盘于我的腰间；双手顺势又托起另两位同学。同学们都被我的举动吓了一跳，手脚不停挥舞，意外呈现出“大鹏鸟”的造型。围观的同学们都被我的展示惊呆了，发出了由衷的赞叹。这个造型展示完毕后，其中一位同学还没回过神来，我一个箭步上前，从后面一把抱住了他的腰，顺势向后一仰，一个形似“童子拜观音”的造型就呈现在了同学们的面前，逗得所有人哈哈大笑。虽然不是在叶村，我也让同学们观看了一次简单的叠罗汉表演。现在我还时常和这些同学联系，当说到这件事的时候，大家都会不自觉地大笑起来。

洪声齐参加中国非物质文化遗产传承人管理研修班并顺利结业

近些年来，政府加强了对非物质文化遗产的保护力度，使得非物质文化遗产项目得以活态传承，并在脱贫攻坚、乡村振兴等方面发挥出前所未有的推动作用。在新的历史条件下，国内很多从事叠罗汉行业的人都成为传承人，这也是国家对民间艺人的认可。可以说，当下是这个群体在历史上从未有过的黄金时期，受到了从未有过的肯定和尊重，非物质文化遗产真正“活起来了”。

二、传承困境

我一直在思考，在这个快速发展的时代，各个行业都在抢占新时代的发展先机，叶村叠罗汉也面临着许多困难。目前叠罗汉的传承依然采用“以老带新”“口传身授”的方式，缺乏科学、系统的理论基础，不利于该项目的健康延续。由于网络信息化的发展，人们的娱乐活动越来越丰富，叠罗汉活动也受到影响。

（一）罗汉青黄不接

我作为省级非遗传承人，在经济上是没有太大问题的，我有工资，政府还会给一点补助。对我来说，主要问题就是如何培养叠罗汉传承人，怎样才能让这些年轻人脱颖而出、传承技艺。这也是诸多非遗传承人目前面临的最大问题。目前国内有近 87 万项非遗资源[①]，从数字上看是非常可观的，但是很多传承人年事已高，传承乏人，一旦他们离世，就意味着他们所从事的技艺将会消失。我们也不难发现，诸多非遗项目现在面临的最大问题就是传承人青黄不接。

我们也和叶村诸多家长进行过深入交流，多数家长希望孩子努力读书，将来考上大学，走出大山，开创另一番天地。而且家长也害怕

---

①国务院新闻办公室国情报告：《中国共有非遗资源近 87 万项　34 项列入世界名录》，http://www.scio.gov.cn/m/zggk/gqbg/2010/Document/812557/812557.htm，2010 年 11 月 24 日。

小孩在训练的过程中受伤、受累。特别是现在可学的东西多，青少年觉得花费大量时间学习叠罗汉技艺是没有前途的，社会地位不高，也很难养家糊口。之前也有很多好苗子，后来都陆续改行了。我也一直努力和家长沟通，但效果都不是很理想，愿意从事叠罗汉事业的青少年越来越少。

（二）中流砥柱不足

在叠罗汉大受欢迎的年代，叶村人基本上没有什么娱乐项目，处于白天握锄头、晚上抱枕头的生产生活状态。而叠罗汉的出现，给叶村人原本枯燥的生活带来了欢乐。改革开放后，由于叶村地理位置偏僻，就业岗位少之又少，为了改善生活，叶村的大多数青壮年都远离家乡，外出务工或陪伴孩子读书。人们生活方式的改变，加上经济利益的驱使，导致叠罗汉的主要力量常年居于异地他乡。他们虽然在收到罗汉帖时都会返乡参加演出，但长期在外，缺乏训练，技艺生疏，使得人员安排、实地训练、节目编排等方面的难度加大。长此以往，老一辈年纪越来越大，青壮年的技艺越来越生疏，加叠罗汉技艺传承愈发艰难。

（三）专业知识匮乏

叠罗汉的传承与发展不仅需要一批实践能力强的人才，还需要一批有扎实理论基础的研究人才。现有的叠罗汉参与者大多对动作要领、造型技巧认识肤浅，而且采取“以老带新”“口传身授”的传承形式，缺乏对非遗保护的深入研究，缺乏科学的训练体系，缺乏高层次的领军人才。叠罗汉演出时是没有任何安全保护措施的，只能通过罗汉们的熟练技巧与默契配合保证自身的安全，一旦某个人的动作有失误，势必造成事故和伤害，影响到表演者的生产生活。这使罗汉们在训练、演出中存在一定的担忧。这种担忧从另一个方面也反映出罗汉们的操作技能不足、专业理论知识匮乏。

（四）经费严重不足

叠罗汉活动经费大多来自村里自筹以及罗汉们的演出报酬，但是这些经费只能提供一些最基础的保障。即使受邀参加大型演出，罗汉们也只能得到一些基本补助，并没有高额的演出费用。除去演出开支，结余的部分都会存起来，用于后期活动的开展。演出开支包括购买道具、服装、出行费用及演出期间的其他必要开销，还有就是叶村祠堂和古戏台的修缮费用。对我来说，现在最头疼的事就是资金短缺，这也导致我们错失了多次外出演出的机会。三阳乡政府在叶村叠罗汉发展与传承中起到了十分重要的作用，不断增加经费的投入，出资购买演出道具、修缮古祠堂等。但是乡政府财政收入是有限的，不能满足叠罗汉的发展需求。经费的严重短缺，某种程度上是困扰叶村叠罗汉发展与传承的最重要因素。

（五）场地仍需修缮

叠罗汉彩排安排在叶村洪氏宗祠叙伦堂，表演安排在古戏台或敬本堂。目前这几处都比较陈旧，很多木质构件已经出现虫蛀的痕迹，横梁及门板上的铁质构件也早已生锈。对于木质建筑来说，经历了上百年的风雨，经受着人为或自然的破坏，再不保护就来不及了。地面也极不平整，有些地方出现了沉降和裂缝，雨水过后会有大量积水。近几年，乡政府也投入了大量经费对叙伦堂、古戏台和敬本堂进行修缮，但是资金有限，修缮的力度还是不够的。有些地方现在仍需修缮，还需要请专业人士定期对其加以保养和维护。这些地方都是祖先留下来的珍品，是不可再造之物，毁一处就少一处，毁一件就少一件。

（六）体质不如从前

20 世纪 70 年代初期，村民的经济条件虽然都不是很好，但我们那时候整天放牛、割猪草、砍柴、种地，体质还是不错的。而现在的年轻人，工作压力大，应酬多，虽说生活条件好了，但是参与体力劳动的人在不断减少。而且，随着网络技术的飞速发展，各类电子产品层出不穷，很多大人、小孩喜欢抱着手机、平板电脑休闲娱乐，缺乏户外活动和体育锻炼。我们也做了一个实验：一柱牌坊的造型完成后，要在台上转五个圈，十年前转圈一点不费力，但是现在就不行了，连两圈都很难完成。同样数量的罗汉，体重和以前也大不一样了。之前表演大一柱牌坊，同样是五个罗汉（三个大罗汉、两个小罗汉），总体重也就 300 来斤。现在最起码有 450 斤，有时候甚至超过 500 斤。这种重量在旋转中是很大的阻碍因素，下架有时候根本托不起来。

（七）传承方式保守

叶村叠罗汉主要靠血缘传承，一般是父亲传给儿子、儿子传给孙子，而且只在男性中传承。此前，叠罗汉由洪姓族人代代相传，从没有传给过外姓人，导致罗汉选拔范围越来越小。目前，虽然叶村罗汉班已经出现了洪姓以外的青少年，但还是在叶村内选拔，外村人依然不能进入罗汉班学习。这也阻挡了其他地方热衷于叠罗汉的人。

现如今，叶村的总人口也就一千五百人左右，青壮年男性更是少之又少。外加中坚力量多数在外务工，而叶村内自愿参加叠罗汉的青少年越来越少，如果还是像以往一样，局限在叶村内选拔罗汉，将会直接导致罗汉队伍后继无人，甚至面临失传的危机。我觉得，这种保守的观念，给叶村叠罗汉的传承与发展带来了巨大的阻力。

虽说如此，我们还是不能停下非遗保护的脚步，青年一代是非遗传承与保护的未来和希望，他们也终将接过老一辈肩上的担子继续前行。

三、路径选择

2020 年 9 月 22 日，习近平总书记在教育文化卫生体育领域专家代表座谈会上指出，要坚定文化自信，增强文化自觉，推动中华优秀传统文化创造性转化、创新性发展，建设社会主义文化强国。[①] 当前，叶村叠罗汉技艺历经约六百年的风雨沧桑，砥砺前行，其中所蕴含的思想、精神等，是叶村人生生不息、发展壮大的精神支撑。

（一）叠罗汉的内容需要创新

清初的《罗汉簿》中只记载了约二十套架势；清朝末期，洪玉书将其增至五十三套；洪允文担任罗汉头期间，整理出五十二套架势；后经整理、挖掘，增至六十六套架势。其中包括神话传说类、器物珍宝类、徽派建筑类、世俗生活场景等。近年来，我们在尊重原有架势的基础上，进行了大胆的改革和创新，如“香炉花瓶”“大四柱牌坊”“解

---

①新华社：《习近平：在教育文化卫生体育领域专家代表座谈会上的讲话》，https://baijiahao.baidu.com/s?id=1678551728406847331&wfr=spider&for=pc，2020 年 9 月 22 日。

元古寺”“刘海戏金蟾”“三脚蟾”等，注入了全新元素。从造型上看，更加生动形象，通过不同组合，为观众带来沉浸式的艺术体验。从名称上看，更加朗朗上口，而且通过名称就能了解其中所蕴藏的深远寓意。叠罗汉发展至今，已经不是单纯的人叠人活动，罗汉们通过攀爬、叠加去超越自我，展现自身价值。另外，罗汉团队的协作精神，善于探索、敢于冒险的优秀品质，也为叠罗汉技艺赋予了全新的生命力。

（二）叠罗汉的传播需要创新

近年来，叶村正在积极打造“文旅产业”品牌，充分利用区域优势、自然资源优势和交通便利优势，发力传承、保护，用非遗文化唱响了乡村振兴的文化自信之歌。但是，在叠罗汉的传播方式上还过于保守。我想，可以对叠罗汉自身文化资源进行包装、宣传，如利用“互联网 +”，通过微信、微博、抖音等关注度高的平台传播叶村叠罗汉文化；开展“非遗进校园”“非遗进基层”等系列宣传活动，出版叶村叠罗汉文化宣传、研究类书籍，拍摄制作微电影、微视频、微动漫等，借助快板、魔术、相声、歌舞等表演形式宣传叠罗汉文化。2021 年，叶村就请了知名网络主播进行线上直播，介绍“非遗”的悠久历史，使叠罗汉技艺在互联网焕发出了新的活力和魅力。我想，这既符合传承要求，又让大众在观赏中增强了文化自信。

（三）叠罗汉的传承需要创新

要将叠罗汉的保护和传承提升到新的历史高度，为叠罗汉技艺的传承注入新鲜活力，我认为可以从以下方面着手：建立非遗传承人人才库，进行实时跟踪、动态管理；着力解决叠罗汉专业知识匮乏问题，帮助叠罗汉队伍了解所有的架势和套路；成立专门的叠罗汉传承、保护机构，全面挖掘和整理叠罗汉文化，对六十六套架势以图文、视频等形式，详细地解释说明，以便后人能够了解传承；在继续选用本村罗汉的同时，扩大选拔范围，保证罗汉的人才队伍；可以在三阳镇中小学开设介绍叠罗汉技艺的课程，让叠罗汉走进校园、走进课堂，为基础选拔奠定基础；也可以在黄山市所属高校开展叠罗汉课程，创新课程载体，以各种鲜活的形式和内容吸引叠罗汉的爱好者加入叠罗汉大家庭；要精收学徒，打磨技艺，把叶村叠罗汉文化与促进国家文化大发展、大繁荣有机结合起来，与地方经济建设有机结合起来，在传播叶村叠罗汉的同时推动本地区的特色经济发展。

四、业态发展

（一）业态传承

非遗传承人是非物质文化遗产的直接见证者、重要承载者、主要传播者和坚定守护者。他们在非物质文化遗产的保护与传承中，起到了至关重要的作用。做好非物质文化遗产的保护工作，要从重视传承人入手。

明清时期，罗汉头儿主要在洪姓族人中产生；民国时，放宽至叶村村民。据相关史料记载，1925年以后历届罗汉头主要包括：1884—1930年，洪景斌、洪玉书；1931—1947年，洪瑞元、罗会焰、吕遂；1948—1965年，吕寿宝、王明澡、洪道奎、洪光通；1966—1976年间停演；1977—1989年，王经水、洪妙根、洪学日；1990—2004年，洪允忠、洪允文；2005年至今，我和洪灶生负责叠罗汉的相关事宜。

1925年以后技艺精湛的罗汉主要包括：洪道恢、洪芳远、洪芳广、洪芳岳、洪泽泉、洪祝民、洪光通、洪允忠、洪允文、洪妙根、洪学日、洪道成、洪灶有、洪道犬、洪日东、洪有顺、洪荣发、洪桂青、洪灶生、洪道山、洪道飞、洪道荣、洪灶亮、洪志峰、洪道路、洪道田、洪灶来、洪灶伙、洪声仲等六十余人。[①] 这些都是叶村最有代表性的罗汉艺人，个个身怀绝技。

洪允文是我的师傅。他于1946年出生在歙县三阳镇叶村，初中毕业后一直在家务农，曾担任过叶村二组政治指导员，当过赤脚医生，爱好文艺，是村里文娱活动的带头人，现在担任村娱乐文化活动总顾问。洪允文从小就喜爱叠罗汉，耳濡目染就学会了一招两式，八岁即上台表演小罗汉。“文革”时期，洪允文为了保护《罗汉簿》，用毛笔和绵纸抄写了一本，才使《罗汉簿》得以保存下来。洪允文积极参与叶村叠罗汉资料的挖掘、整理工作，同时承担表演指导工作。洪允文的家中，保存了叶村叠罗汉演出的各类活动照片、视频等。这些都是研究叶村叠罗汉不可多得的第一手资料。

洪灶生是我的好搭档。他于1967年出生在歙县三阳镇叶村，1979年小学毕业后，辍学在家学习叠罗汉技艺。他从小深受父辈影响而喜爱叠罗汉。他们家可谓罗汉之家，最多时家中有十口人参与叠罗汉演出活动。他自1981年参与叠罗汉活动以来，补充、整理了六十六套叠罗汉架势，还积极从事叠罗汉技艺保护与传承工作，专职从事叠罗汉演出等。现在洪允文已经去世，我和灶生便挑起了叠罗汉传承与发展的担子。我们时常一起沟通讨论，努力推动叠罗汉的发展，特别关注小罗汉的选拔与培养。

---

① 柯灵权，李荣娟：《民间艺术奇葩——歙县三阳叶村叠罗汉》，转引自文化部艺术服务中心编著《中国民间文化艺术之乡建设与发展初探》，中国民族摄影艺术出版社，2010。

洪允文（中）讲解叠罗汉造型架势，洪声齐（左）现场示范动作要领

洪灶生与他最小的孙子

除此之外，参与叠罗汉演出的人员还有很多，包括导演、司鼓、化装师等。大家都各司其职，分工明确。

（二）演出资金

叠罗汉演出的资金，主要源于村内百姓自筹、政府资助、外出务工人员的捐助以及应邀参与外界表演获得的报酬。但是政府投入的经费是有限的，仅仅依靠百姓自筹，在一定程度上造成了资金的不稳定，有时在演出前还会出现资金不到位的现象。

进入省级文物保护单位叙伦堂，可以看到墙壁上刻有捐赠名单，五十、一百、两百、五百元……金额不在多少，每一次演出、每一次修缮，每一个叶村人都竭尽所能。有钱的出钱，没钱的出力，在资金严重不足的情况下，整个叶村齐心协力，努力把事情做到最好。

虽然资金紧缺，但是叶村人对叠罗汉的热情并没有受到影响，从没因为资金有限而放弃演出。叠罗汉技艺需要发展、需要创新，更需

捐款名单

要一代又一代人不计得失、不怕艰辛地付出。正是一代代人这种执着和坚忍的品质，才使得叠罗汉事业发展得越来越好。

近些年来，各项经费投到叠罗汉发展、传承等各个环节。1992 年投入资金四万元，供罗汉团队参加首届歙县枇杷节演出，置办了新布景、地毯等；2004 年投入资金五千元，对解元寺进行了修整；2005 年投入资金五万元，购置了罗汉服等演出道具；2007 年投入三千元，为叠罗汉的排演场地叙伦堂添瓦翻盖；2009 年投入一万元，更新部分服装、道具；2014 年投入一万元，新制罗汉服、五兽服及中小锣鼓、钹等。2015 年以来，通过政府资助、洪氏宗亲捐款、爱心人士捐赠等方式共筹资五十余万元，对敬本堂、叙伦堂、朱家祠堂及古戏台进行再次修缮。除此之外，对小罗汉的培养也投入了部分资金，加上村内元宵节的演出支出，每年开支均超过万元。

（三）演出场所

省级文物保护单位洪氏宗祠叙伦堂是叠罗汉的彩排场所；国家级重点文物保护单位洪氏支祠敬本堂是罗汉们化装的场所；古戏台是表演场所。

以前，由于思想观念的束缚，叶村叠罗汉是从不出村表演的，但是叶村人热情好客，想让更多的人熟知自己，于是摆出各种造型、阵势欢迎游客前来观看。每次演出消息一放出，周边很多省、市的人都会慕名而来。虽然叠罗汉演出一般不出村，但是过去也有过几次外出表演，如：1958 年，去三阳公社（现洪谦[①]故居）参加会演；1978 年，到杞梓里区参加演出。

①洪谦（1909—1992），又名洪潜，号瘦石，祖籍安徽歙县。著名哲学家，也是维也纳学派唯一的中国成员。

从那时起，我们就明白了一个道理：叠罗汉要想更好地传承，让更多的人知晓，不走出去肯定是不行的。

1992 年 5 月，叠罗汉表演走出叶村，亮相歙县首届枇杷节，真正开创了叠罗汉外出表演的先河。

叠罗汉可以说在哪里都能表演，不需要特殊场地，不需要正规舞台，只要有一块空地就行。

2019 年 11 月，叶村叠罗汉表演亮相歙县第十四届徽州古城民俗文化节。当时主办方准备搭台进行表演，还专门来向我咨询需要搭建多大的台、什么造型的台。为了给主办方省点开支，也为了让叠罗汉更好地走出去，我爽快地告诉他们“什么都不用”，一块空地就能完成一场精彩的表演。从那之后，罗汉团队出演的次数也越来越多，每

歙县第十四届徽州古城民俗文化节[1]

① 吴建平：《安徽歙县农民进城“叠罗汉”》，http://travel.anhuinews.com/system/2019/11/12/008273596.shtml，2019 年 11 月 12 日。

叶村古戏台

年都要演上几十场。

近年来，罗汉团队先后赴香港、澳门、浙江等地进行叠罗汉技艺的展示与传播，所到之处反响热烈，赢得了很好的口碑。

参考文献

一、专著

[1] 歙县文化局．歙县民间艺术［M］．合肥：安徽人民出版社，2006.

[2] 万建中．中国民间文化［M］．北京：北京师范大学出版社，2009.

[3] 苑利．民俗学与遗产学视域下的乡土中国［M］．北京：北京时代华文书局，2014.

[4] 贾磊．徽州体育文化概论［M］．兰州：兰州大学出版社，2010.

[5] 钟敬文．民俗学概论［M］．上海：上海文艺出版社，2009.

[6] 李金龙．体育社会学［M］．桂林：广西师范大学出版社，2006.

[7] 易剑东．体育文化学［M］．北京：北京体育大学出版社，2006.

[8] 王国凡．徽州民俗体育文化［M］．北京：北京师范大学出版社，2016.

[9] 王俊奇．中西方民俗体育文化[M].北京:北京体育大学出版社，2008.

[10] 仲富兰．中国民俗文化学导论［M］．上海：上海辞书出版社，2007.

[11] 朱万曙．戏曲·民俗·徽文化论集［M］．合肥：安徽大学出

版社，2004.

[12] 翟屯建．徽州文化史：先秦至元代卷［M］．合肥：安徽人民出版社，2014.

[13] 周晓光．徽州文化史：明清卷［M］．合肥：安徽人民出版社，2014.

[14] 安徽省非物质文化遗产保护中心．安徽省非物质文化遗产保护手册［M］．合肥：安徽教育出版社，2013.

[15] 卞利．徽州民俗［M］．合肥：安徽人民出版社，2005.

[16] 胡建斌．徽州技艺［M］．合肥：合肥工业大学出版社，2013.

[17] 朱万曙．徽州戏曲［M］．合肥：安徽人民出版社，2005.

[18] 王文章．非物质文化遗产概论［M］．北京：教育科学出版社，2008.

二、论文

（一）期刊

[1] 汪轶群．叶村叠罗汉活动现状研究：传承人口述角度［J］．品位·经典，2020（5）.

[2] 王庆庆．场域视角下徽州村落体育发展研究：以叶村叠罗汉为例［J］．兰州文理学院学报（自然科学版），2019（5）.

[3] 吴灵萍，胡丰．和谐社会新农村建设视野下民俗体育的现代意义探析：以徽州民俗体育项目“叶村叠罗汉”为例［J］．黄山学院学报，2015（5）.

[4] 卢玉．叶村叠罗汉当代变迁的文化生态学认识［J］．成都体育学院学报，2013（10）.

[5] 吴灵萍．徽州叶村叠罗汉研究［J］．体育文化导刊，2013（1）.

[6] 吕贤清．“叶村叠罗汉”保护与开发［J］．黄山学院学报，2011（3）．

[7] 吴灵萍，方利山，蒋国强，等．徽州民俗体育项目“叶村叠罗汉”的特征与价值［J］．北京体育大学学报，2011（2）．

[8] 郭忠齐．南安“罗汉舞”的研究现状与对策分析［J］．黄河之声，2016（16）．

[9] 孙霄．从原始鱼祭巫术看鱼灯舞的源流：国家“非遗”保护项目深圳沙头角鱼灯舞试析［J］．中原文物，2012（6）．

[10] 曹辉．浙西南民俗体育研究：以缙云“迎罗汉”为例［J］．当代体育科技，2013（14）．

[11] 朱树刚．民间杂技“叠罗汉”探微［J］．黄梅戏艺术，2012（3）．

[12] 许明思．我国民俗体育发展的现实困境及路径选择：以徽州村落中的“叠罗汉”为例［J］．赤峰学院学报，2012（14）．

[13] 应载苗．民间杂技“叠罗汉”文化形式和内涵初探［J］．杂技与魔术，2011（5）．

[14] 翟会会．原生态民俗体育传承的现状与对策［J］．内江科技，2010（6）．

[15] 汪全先，商汝松，李乃琼．中华民族传统体育文化发展中存在的问题分析［J］．体育学刊，2013（3）．

[16] 沈曦．徽州地区民间体育的现状与对策研究［J］．湖南医科大学学报（社会科学版），2010（4）．

[17] 祁庆富．论非物质文化遗产保护中的传承及传承人［J］．西北民族研究，2006（3）．

[18] 李毅．安徽省民俗体育发展面临的问题及对策研究［J］．吉林省教育学院学报，2012（11）．

[19] 陈双，任远金．古徽州民俗体育文化探究［J］．军事体育进

修学院学报，2010（1）.

[20] 王铁新，常乃军 . 我国民俗体育研究综述［J］. 体育文化导刊，2009（10）.

[21] 李谋涛，彭成根，胡小勇 . 非物质文化遗产视角下徽州民俗体育的发展研究［J］. 黄山学院学报，2019（5）.

[22] 李谋涛，罗子豪 . 非物质文化遗产视角下徽州民俗体育的保护研究［J］. 皖西学院学报，2016（5）.

[23] 王家忠，沈世培 . 我国民俗体育文化变迁研究［J］. 安徽师范大学学报（自然科学版），2020（6）.

[24] 田为将 . 民俗体育文化传承与发展的困境研究［J］. 当代体育科技，2021（2）.

[25] 裴凯迪，周万斌，张亚晶 . 我国民俗体育文化及其资源的开发研究［J］. 决策探索，2021（6）.

[26] 谭志刚 . 新时代村落民俗体育文化发展困境及其本土化路径研究：以国家非遗临武傩戏为例［J］. 辽宁体育科技，2021（4）.

[27] 黄明礼 . 民俗体育文化探索：以福建为例 . 当代体育科技，2014（27）.

[28] 聂秀娟，贾磊 . 非物质文化遗产保护视阈下徽州民俗体育旅游发展研究［J］. 池州学院学报，2013（6）.

[29] 刘立 . 赣南客家民俗体育非物质文化遗产研究：以客家灯彩民俗体育为例［J］. 体育世界，2018（6）.

[30] 王猛 . 基于非物质文化遗产保护与发展的设计实践方案探究：以徽州民间板凳龙为例［J］. 美与时代，2019（7）.

[31] 徐赣丽 . 非物质文化遗产的开发式保护框架［J］. 广西民族研究，2005（4）.

[32] 史文 . 徽州民俗体育困境与发展对策研究［J］. 运动，2015（12）.

[33] 陈江沄，梁夫生．徽州民俗文化视域下民俗体育的现代传承与发展．牡丹，2019（12）．

[34] 葛欣超．民俗风情与民俗体育活动的结合：评《体育文化与实践研究》［J］．中国教育学刊，2021（4）．

[35] 牛芳，卢玉，陈小蓉．非物质文化遗产视角下徽州民俗体育的传承：以徽州嬉鱼灯活动为例［J］．上海体育学院学报，2014（3）．

（二）硕士论文

[1] 邓辉．社会变迁背景下徽州民俗体育文化传承研究［D］．上海：上海体育学院，2014．

[2] 洪愿．叶村“叠罗汉”的调查与思考［D］．南京：南京体育学院，2013．

[3] 黄平．“非遗”文化沙头角鱼灯舞的艺术价值与视觉传播研究［D］．广州：广东工业大学，2012．

[4] 王珊珊．我国非物质文化遗产保护问题研究［D］．济南：齐鲁工业大学，2014．

[5] 李俊喜．徽州民俗体育的调查研究［D］．芜湖：安徽师范大学，2007．

[6] 程超民．社会变迁视域下我国农村民俗体育的发展研究［D］．南京：南京师范大学，2012．

[7] 张智烽．非物质文化视野下的杭州民俗体育研究［D］．杭州：杭州师范大学，2010．

[8] 钟元博．非物质文化遗产视角下民俗体育文化研究：以广西宾阳炮龙节为例［D］．南宁：广西民族大学，2011．

后　记

叶村，是一个有着“东方小瑞士”之称的地方，也是一个让郁达夫过皖浙交界的昱岭关时觉得“骇怕”的地方。这里风光秀丽，人杰地灵。这里，有着淳朴的风俗人情，有着质朴的民风家风。站在高处，放眼望去，叶村层层叠叠的黑瓦白墙从东至西，蜿蜒约两千米。叶村拥有文物保护单位四十余处，如全国重点文物保护单位洪氏支祠敬本堂、省级文物保护单位洪氏宗祠叙伦堂、市级文物保护单位朱家宗祠等。这些都是省级非物质文化遗产“叶村叠罗汉”得以产生与发展的文化土壤。

叶村叠罗汉的每一组造型，都凝聚着无数徽州人的聪明才智。其造型不乏徽州各类建筑、徽州人所使用的工具、徽州人的生活场景等，营造出了浓厚的艺术氛围。

我第一次登门拜访洪声齐先生是在 2020 年 11 月 20 日上午。我当时忐忑不已，担心访谈能否顺利开始。洪声齐先生身材魁梧，精神饱满，一点都看不出有五十多岁了。他在家门口热情迎接我，并把我拉到家中的会客厅，向我讲起了他的叠罗汉故事。

后来我一有时间就会去找洪先生，洪先生全面、细致地讲述了自己从事的叠罗汉事业，以及这个过程中的酸甜苦辣。洪先生讲述了叶村叠罗汉的起源、发展及成就，并从叠罗汉的流程、造型等方面介绍了叶村叠罗汉技艺的艺术特征，分析了叠罗汉技艺在传承发展中的困境及路径选择。为了让我更清楚、深入地了解叶村叠罗汉，他还时常带我实地参观走访，并为我上阵展示。经过一段时间的接触，我被洪先生的专注和执着深深地感动了。事实上，诸多媒体和个人对洪先生进行过多次访谈，但他并没有因为工作烦琐而草率地应付我。我想，这正体现了非遗传承人的职业品质和职业修为。

对每一次访谈，洪声齐先生都很用心，也很有耐心，就算再忙，也从不敷衍。我每次去叶村都会待上一整天，先生都会不厌其烦地给我讲解。有时候遇到拿不准的问题，他会走进书房，查阅相关资料。洪先生的书房中，放满了叠罗汉的相关文稿、照片、罗汉帖以及各类获奖证书等。每一张关于叠罗汉的照片，洪先生都会和我说上很久，可以看出这些照片承载着洪先生一段段美好的经历。

洪先生先后带我拜访了省级非物质文化遗产项目叶村叠罗汉第一位代表性传承人洪允文、市级非物质文化遗产项目叶村叠罗汉代表性传承人洪灶生，我多次与叠罗汉团队中的成员接触、交流，让我从不同角度、不同方向，深入理解叠罗汉这项技艺。

2021年3月2日，洪声齐先生邀请我到叶村现场观看叠罗汉表演。我和摄影师、画师一行三人到叶村准备拍摄叠罗汉影视资料，记录、绘制叠罗汉的图文资料。演出是在晚上，当天上午我们就来到了叶村。到了叶村后，一派热闹场景就展现在我们眼前。虽然距离演出还很久，但是叶村人早已沉浸在喜悦的气氛之中，锣鼓声、鞭炮声交织在一起，每个人都在为晚上的演出精心准备。洪先生是当天活动的“总指挥”，跑前跑后地接洽演出的每一项事宜。洪先生可能怕怠慢了我们，忙里偷闲跑过来和我们搭话，聊家常。看得出，他实在太忙，我们在那里只会打扰先生的工作，于是决定自行活动。我们便在叶村走走看看，走进国保单位敬本堂、省保单位叙伦堂、市保单位朱家祠堂，感受这个古老村庄的魅力。演出是晚上7点开始，为了拍出效果更好的影视资料，我们下午3点就来到古戏台前，选了一个最好的位置。不久，观众们也都陆陆续续到达了，准备享受这场视觉盛宴。演出非常顺利，一个小时的时间里，叠罗汉团队为观众们呈现了二十余套架势。待演出结束，人们又纷纷加入游村队伍。为了不给洪先生添麻烦，我给先生发了一条信息，然后悄悄离开了叶村。

洪声齐先生很谦虚。在讲述叠罗汉经历时，他不是纯粹介绍自己的经历，而是重点讲述了叶村叠罗汉的传承与发展历史。在讲述中，他总是把团队放在第一位。他认为，从古至今，叶村的每一个人在叠罗汉技艺的传承与发展中都起到了至关重要的作用。在多次访谈中，先生会时不时找来团队中的成员，并向我一一介绍他们的情况。由此可见叠罗汉团队在先生心目中的分量。

洪声齐先生还很严谨。一次访谈中，他一直想不起来一组架势。我们也看出他比较着急，就说我们回去再研究研究。他不同意，回到书房，翻箱倒柜寻找相关材料，可是一无所获。他便对我说："稍微等我一下，我出去一趟，马上回来。"过了二十分钟，先生开着面包车把洪允文先生给请来了。洪允文先生腿脚很不方便，但为了一个架势专程前来为我们讲解，当时我的心中充满了深深的歉意和敬佩。就这样，洪允文先生负责讲解，洪声齐先生负责示范，把一组架势生动地呈现在我们眼前。

在与洪先生的访谈中，可以看出他对叠罗汉技艺有着独特的见解，对其传承与发展有着清晰的认知，对非物质文化遗产传承保护的重要性也有着深刻的体会。叶村叠罗汉经过约六百年的传承，如今还能以原本的面貌展现在世人面前，离不开洪声齐先生、叠罗汉团队以及无数个淳朴又充满智慧的徽州人一代代的辛勤付出。我想我有责任和义务把这本书写好。

本书能够顺利完成，首先要感谢黄山学院路善全教授。在该书的写作过程中，他给予了我极大的支持和帮助。从选题开始，路善全教授就积极帮助我联系非遗传承人，并用他丰富的理论知识和实践经验，给予我指导。在写作过程中，我遇到了无数的困难和障碍，都是他一直在鼓励我、督促我，并将平生所学毫无保留地传授给我。他还多次帮助我修改文稿资料，梳理文章框架，并多次提出建设性意见。正得益于他的悉心指导和无私奉献，我才能够顺利完成本书的写作。

本书在后期配图过程中，黄山学院艺术学院2018级工艺美术专业学生王雨给予了极大的支持。他花费了半年时间，利用所学专业，手绘了叶村叠罗汉六十六套架势图，让我们更清楚、直观地了解叶村叠罗汉这项技艺，让这项民间传统技艺焕发出青春的朝气。对于他的帮助，我要真诚地说一声“感谢”！

最后，我要感谢我的家人，特别是我的妻子给予我写作本书的大力支持。

汪　洋

2024年5月1日